网络舆情分析：
理论、技术与应用

谷琼　王贤明　著

清华大学出版社
北京

内 容 简 介

本书以网络舆情为研究对象，从多角度对互联网舆情问题进行研究，研究网络舆情传播演化过程中的涨落机制，探求其涨落的驱动激励因素，帮助各级政府及时发现网络舆情热点并加以科学分析，构建网络舆情信息体系结构及指标体系，建立科学的网络舆情演变模型，掌握舆情演变态势，积极引导社会舆论，达到科学应对网络舆情爆发、客观科学决策的目的。

本书分为网络舆情基础篇、网络舆情数据文本信息处理篇、网络舆情分析技术篇及网络舆情分析应用篇四大部分。基础篇介绍网络舆情基本概念、传播过程及核心要素；数据文本信息处理篇研究舆情数据分析处理过程中所用的文本聚类算法；分析技术篇从链接关系角度分析网络舆情演化趋势，从而提出 Web 页面逻辑链接块的识别方法和基于区块树的 Web 页面链接块的识别方法；分析应用篇从在外温州籍智力人群回归问题、温州小学生中毒事件、微博舆情系统及指标，以及草根媒体的特性及典型表现形式等方面入手研究如何正确应对、引导舆情发展。

本书封面贴有清华大学出版社防伪标签，无标签者不得销售。
版权所有，侵权必究。举报：010-62782989，beiqinquan@tup.tsinghua.edu.cn。

图书在版编目(CIP)数据

网络舆情分析：理论、技术与应用/谷琼，王贤明著. —北京：清华大学出版社，2020.10（2024.1重印）
ISBN 978-7-302-53010-7

Ⅰ. ①网… Ⅱ. ①谷… ②王… Ⅲ. ①互联网络－舆论－研究 Ⅳ. ①G206.2

中国版本图书馆 CIP 数据核字(2019)第 094009 号

责任编辑：贾　斌
封面设计：常雪影
责任校对：胡伟民
责任印制：沈　露

出版发行：清华大学出版社
网　　址：https://www.tup.com.cn, https://www.wqxuetang.com
地　　址：北京清华大学学研大厦 A 座　　邮　编：100084
社 总 机：010-83470000　　邮　购：010-62786544
投稿与读者服务：010-62776969, c-service@tup.tsinghua.edu.cn
质量反馈：010-62772015, zhiliang@tup.tsinghua.edu.cn
课件下载：https://www.tup.com.cn, 010-83470236

印 装 者：三河市科茂嘉荣印务有限公司
经　　销：全国新华书店
开　　本：170mm×230mm　　印　张：12　　字　数：225 千字
版　　次：2020 年 10 月第 1 版　　印　次：2024 年 1 月第 5 次印刷
印　　数：3401～4200
定　　价：49.00 元

产品编号：073312-01

前言
Foreword

　　互联网的诞生与发展，不仅促进人类生存状态、生产方式和信息传播格局的变革，还深刻影响着政治、经济、文化、组织结构等社会关系的嬗变与发展轨迹。互联网模式的不断创新、线上线下服务融合加速以及公共服务线上化步伐加快，越来越多地渗透到社会生活的每一个角落，成为网民规模增长的推动力。网络媒体是继报纸、广播、电视之后的"第四媒体"，成为思想文化信息的集散地和社会舆论的放大器，互联网的普及与手机网民数量的不断攀升，使互联网成为了传播舆情的主要载体，网络舆情的影响力和影响范围逐渐扩大，成为影响网络安全的重要因素。

　　网络安全和信息化是事关国家安全和发展、事关广大人民群众工作与生活的重大战略问题。网络舆情具有突发性，主题多元且传播速度快、范围广、影响大、不和谐因素多而杂。通过分析网络舆情相关信息，了解网络舆情的演化态势及其演化传播网络，了解社情民意，引导其朝着健康可控的方向发展，是亟待研究的课题。

　　本书以网络舆情为研究对象，从多角度对互联网舆情问题进行研究，研究网络舆情传播演化过程中的涨落机制，探求其涨落的驱动激励因素，帮助各级政府及时发现网络舆情热点并加以科学分析，构建网络舆情信息体系结构及指标体系，建立科学的网络舆情演变模型，掌握舆情演变态势，积极引导社会舆论，达到科学应对网络舆情爆发、客观科学决策的目的。

　　本书分为网络舆情基础篇、网络舆情数据文本信息处理篇、网络舆情分析技术篇及网络舆情分析应用篇四大部分。

基础篇介绍网络舆情基本概念、传播过程及核心要素；数据文本信息处理篇研究舆情数据分析处理过程中所用的文本聚类算法；分析技术篇从链接关系角度分析网络舆情演化趋势，从而提出 Web 页面逻辑链接块的识别方法和基于区块树的 Web 页面链接块的识别方法；分析应用篇从在外温州籍智力回归问题、温州小学生中毒事件、微博舆情系统及指标，以及草根媒体的特性及典型表现形式等方面入手研究如何正确应对、引导舆情发展。

  本书的框架和初稿是在西南大学逻辑与智能研究中心博士后研究阶段完成的，我的合作导师何向东教授给予我很多帮助和指导，他广阔的视野，精湛的学术造诣，严谨的治学风格，丰富的高等学校管理经验，豁达的处事态度都值得我学习！他从容、乐观、以身立行的做人风格不仅使我明白了如何学习，如何研究，也让我明白了如何生活与工作，对我有着十分重要的影响。西南大学计算机学院邓辉文教授，政治与公共管理学院的孙道进教授、任丑教授对本书进行了审阅，提出了许多建设性意见，使本书内容不断完善，在此对他们所付出的辛勤劳动表示诚挚的感谢。

  感谢教育部人文社会科学研究一般项目（15YJAZH015）为本书出版提供经费的资助。感谢何向东教授主持的国家社科基金重大项目（14ZDB016）经费和襄阳市科技攻关项目（2016AAA022）经费的支持，给我博士后阶段生活补助以及美国 UML 大学访学阶段的差旅资助，使我可以安心投入自己感兴趣的研究中。

  感谢湖北文理学院的领导和我的同事承担了我的部分工作，使我得以在访学阶段全身心投入本书稿的修改和完善中。

  在本书撰写过程中，参考了部分图书、期刊和网络资料，在书后以参考文献的形式列出，在此向作者一并表示感谢。尽管付出了很多的努力，但由于作者水平及能力有限，加之时间仓促，书中难免存在不足之处，敬请同行专家和读者不吝赐教，批评指正。

谷　琼

2019 年 12 月 31 日

襄阳·古隆中

目录

网络舆情基础篇

第1章 网络舆情概述 ·················· 3

1.1 网络舆情基本概念 ················ 3
1.2 网络舆情的生命周期 ·············· 6
1.3 网络舆情的特性 ·················· 7
1.4 网络舆情权威科研机构及知名专家学者 ········ 15
1.5 网络舆情指标体系 ················ 21
  1.5.1 传播扩散指标 ············· 21
  1.5.2 关注度指标 ·············· 21
  1.5.3 内容敏感度指标 ··········· 22
  1.5.4 情感倾向指标 ············· 22
  1.5.5 微博统计参数指标 ·········· 23
  1.5.6 论坛网站评价指标 ·········· 26

第2章 网络舆情基本理论及技术 ·········· 27

2.1 中文分词处理技术 ················ 27
  2.1.1 中文分词问题研究 ·········· 27
  2.1.2 文档相关性及分类问题研究 ····· 30
  2.1.3 语义分析问题研究 ·········· 32
2.2 舆情热点发现与追踪系统设计 ········· 33
  2.2.1 网络爬虫相关问题 ·········· 33
  2.2.2 易中网络爬虫技术设计 ······· 35
  2.2.3 系统概述与应用框架 ········ 38

  2.2.4 网络舆情热点的形成 …………………………………………… 39
 2.3 网络舆情演化模型 ………………………………………………………… 44
 2.4 网络舆情涨落关联分析 …………………………………………………… 50

网络舆情数据文本信息处理篇

第 3 章 基于 R-Grams 的文本聚类方法 ………………………………… 55
 3.1 引言 ………………………………………………………………………… 55
 3.2 方法及原理 ………………………………………………………………… 57
  3.2.1 R-Grams 聚类 ……………………………………………………… 58
  3.2.2 聚类合并 …………………………………………………………… 59
  3.2.3 聚类覆盖率 ………………………………………………………… 60
 3.3 实验设计及结果分析 ……………………………………………………… 60
  3.3.1 实验方案与目的 …………………………………………………… 60
  3.3.2 实验结果与分析 …………………………………………………… 61
 3.4 结论 ………………………………………………………………………… 67

网络舆情分析技术篇

第 4 章 基于链接分析的网络舆情演化趋势研究 ……………………… 71
 4.1 网络舆情 …………………………………………………………………… 71
 4.2 链接分析 …………………………………………………………………… 72
 4.3 链接分析与网络舆情的演化关系 ………………………………………… 75
 4.4 实例验证及分析 …………………………………………………………… 76
  4.4.1 实验对象 …………………………………………………………… 76
  4.4.2 实验方法 …………………………………………………………… 77
  4.4.3 实验结果与分析 …………………………………………………… 77
 4.5 结论 ………………………………………………………………………… 81

第 5 章 Web 页面逻辑链接块研究 …………………………………………… 82
 5.1 引言 ………………………………………………………………………… 82
 5.2 相关研究及存在的问题 …………………………………………………… 83

5.3 方法及原理 ··· 85
5.4 实验设计及结果分析 ··· 87
    5.4.1 实验目的 ·· 87
    5.4.2 实验方案 ·· 87
    5.4.3 实验结果与分析 ·· 88
5.5 结论 ··· 94

第 6 章 基于区块树的 Web 页面链接块的识别方法 ······················· 95

6.1 引言 ··· 95
6.2 相关工作 ·· 96
6.3 方法及原理 ··· 99
    6.3.1 基本概念 ·· 99
    6.3.2 链接块的判别 ··· 101
    6.3.3 链接块识别的评价 ·· 102
    6.3.4 链接块的发现 ··· 103
6.4 实验设计及结果分析 ··· 104
    6.4.1 实验目的 ·· 104
    6.4.2 实验方案 ·· 105
    6.4.3 实验结果与分析 ·· 105
6.5 结论 ··· 108

网络舆情分析应用篇

第 7 章 舆情分析技术应用典型案例 ·· 113

7.1 在外温州籍智力回归问题研究 ··· 113
    7.1.1 引言 ··· 113
    7.1.2 基本数据分布方面 ·· 114
    7.1.3 关联性综合分析 ··· 124
    7.1.4 在外温州籍智力引进与回归建议 ···························· 140
7.2 温州小学生中毒事件案例分析 ··· 143
    7.2.1 事件描述 ·· 143
    7.2.2 舆情分析 ·· 144

第 8 章 微博舆情系统及指标探讨 ·········· 147

8.1 微博舆情系统原理 ·········· 147
- 8.1.1 原理介绍 ·········· 147
- 8.1.2 系统概况 ·········· 147
- 8.1.3 微博舆情系统功能一览 ·········· 149

8.2 详细功能解说 ·········· 150
- 8.2.1 指标排名相关功能 ·········· 150
- 8.2.2 微博内容分析相关功能 ·········· 153

8.3 微博特点分析 ·········· 154
8.4 从微博内容看网络语言特性 ·········· 156
8.5 微博舆情指标深入探讨 ·········· 157
- 8.5.1 关于各项子指标的数量级 ·········· 157
- 8.5.2 指标权重设置应考虑的重要问题 ·········· 158
- 8.5.3 指标的计数方式 ·········· 158
- 8.5.4 关于微博量指标 ·········· 159
- 8.5.5 关于主题类型及评论和转发 ·········· 159
- 8.5.6 关于排名黑马的解读与应用 ·········· 160

第 9 章 基于草根媒体舆情的应对原则及策略 ·········· 161

9.1 概述 ·········· 161
9.2 草根媒体及草根新闻 ·········· 161
- 9.2.1 草根新闻的特性 ·········· 161
- 9.2.2 草根媒体的典型表现形式 ·········· 162
- 9.2.3 草根媒体的发展阶段 ·········· 163
- 9.2.4 草根媒体的传播特性 ·········· 164
- 9.2.5 草根媒体产生和发展的驱动因素 ·········· 165
- 9.2.6 草根媒体的意义和局限 ·········· 167

9.3 基于草根媒体的网络舆情特征 ·········· 169
9.4 应对原则及策略 ·········· 171
9.5 总结 ·········· 175

致谢 ·········· 176

参考文献 ·········· 178

网络舆情基础篇

第1章 网络舆情概述

1.1 网络舆情基本概念

网络舆情(又称网络舆论),是指在一定的社会空间内,通过网络围绕中介性社会事件的发生、发展和变化,民众对公共问题和社会管理者产生和持有的社会政治态度、信念和价值观。它是较多民众关于社会中各种现象和问题所表达的信念、态度、意见及情绪等表现的总和[1]。随着互联网在全球范围内的飞速发展,网络媒体已被公认为是继报纸、广播、电视之后的"第四媒体",网络成为反映社会舆情的主要载体之一[2]。军犬舆情创始人彭作文认为,"网络舆情是以网络为载体,以事件为核心,广大网民情感、态度、意见、观点的表达、传播与互动,以及后续影响力的集合"。

网络舆情是社会舆情在互联网空间的映射,是社会舆情的直接反映。传统的社会舆情存在于民间,存在于大众的思想观念和日常街头巷尾的议论之中,前者难以捕捉,后者稍纵即逝,舆情的获取只能通过社会明察暗访、民意调查等方式进行,获取效率低下,样本少而且容易流于偏颇,耗费巨大。而随着互联网的发展,大众往往以信息化的方式发表各自看法,网络舆情可以采用网络自动抓取技术手段方便获取,效率高而且信息保真(没有人为加工),覆盖面全[3]。

事实证明,网络舆情与现实物理空间的社会化舆情概念范畴不能被隔离开,在一定条件下,它们之间互相作用,并最终达到一定程度的同化,但目前网络舆情已在社会舆论格局中日渐形成主导地位。网络的开放性和虚拟性,决定了网络舆情具有即时性、情绪化、突变性、个性化与群体极性化等特点。由于其情绪化、群体极性化的特点,个体化观点容易导致群体化效应,造成较大的网络舆论影响,甚至有可能波及至现实社会中,因此及时对错误倾向进行引导纠正是非常重要的。

网络舆情,是在互联网上流行的对社会问题不同看法的网络舆论,是社会舆论的一种表现形式,是通过互联网传播的公众对现实生活中某些热点、焦点问题所表达的有较强影响力、倾向性的言论和观点,是以网络为媒介所传达和交流的民众的情绪和观点。网络舆情一般可以划分为两种类型:网民以聚合新闻(RSS)、博客、播客、微博、新闻跟帖、留言、BBS论坛发文及转帖等方式,对公共事务、社会热点、网络话题等表达的意见,即草根媒体舆情;网上新闻报道和新闻评论,即主流媒体舆情。随着互联网用户的迅猛增长和互联网技术的快速发展,草根媒体舆情的社会影响日益扩大,其独特的表现形式和传播态势值得密切关注和深入研究。

网络舆情对政治生活秩序和社会稳定的影响与日俱增,一些重大的网络舆情事件使人们开始认识到网络对社会监督所起到的巨大作用。同时,网络舆情突发事件如果处理不当,极有可能诱发民众的不良情绪,引发群众的违规和过激行为,进而对社会稳定构成威胁。

网络舆情的传播过程涉及如下几个阶段和要素,如图1-1所示。

图1-1 网络舆情的传播要素及过程

由图1-1我们可以知道,网络舆情是由信源产生,然后通过传播主体,在传播媒体中,将由信源产生的传播内容以某种传播方式向传播媒体中其他传播受体传播,传播受体也可以传播主体的身份将该传播内容在传播媒体中继续传播下去,最终实现网状链式传播。若传播过程中,经由多个核心传播实体,则可能导致舆情爆发,若为一般的舆情将自行湮灭。

网络舆情传播的核心要素如下。

传播实体:传播过程中所涉及的参与者,包含传播主体、传播受体、信源

(即第一个传播主体)。传播链中间节点同时具备传播主体和传播受体的身份。根据传播实体的影响力,传播实体在传播媒介中有地位之分,核心传播实体对信息的放大作用尤其明显。例如,在微博中,核心传播实体即对应微博社交网络中的 Hub 节点。传播实体既可以是实体人,也可以是实体机构,还可以是参与传播过程的其他对象(例如虚拟身份,后文在讨论"信源不定性"和"主体隐蔽性"时将会进一步描述)。传播实体的确定应以具体情景为参考。例如:某个消息由机构 A 的工作人员 B 发布,从细节层次来讲,A 是一家机构,但真正发布者却是实体人 B,此时究竟认为发布者是 A 还是 B,则应该看其署名特征及参考文稿语境内容。

传播主体:信息的传播者,可能是人,也可能是一个机构,也可能设置成一个虚拟身份。在传播链的中间节点,传播主体和受体对应同一个传播实体。

信源:信息的生产发布来源,往往与第一个传播主体相关联。国内各大中文门户网站的新闻频道以其雄厚的人力物力、权威而又丰富的资源、广泛的影响力成为不可忽视的舆情信息来源,即信源。信源的质量,包含舆情的权威性、及时性、原创性等指标。高质量的信源,对于网络爬虫进行网络舆情热点的发现及后续追踪,具有不可忽视的参考价值。

传播内容:信源所产生的信息的原装、改装或 n 次封装版本。原装即表明将信源信息原封不动地传播;改装则指对原始信息本身进行了修改和加工;封装则指在维持原始内容不变的情况下,在传播的同时,增加了自己的主观内容。

传播媒体:指传播内容和传播实体所在的传播空间,也可称为传播媒介。例如,在现实社会中,现实的物理社会空间即传播媒体;在草根媒体中,草根媒体(如微博、博客、论坛)是传播媒体;若不细加区分,则可以认为在 Web 中,传播媒体为互联网。

传播方式:在 Web 1.0 中,遵循单向线性传播方式;在 Web 3.0 中则遵循网状链式扩散传播方式;但在 Web 2.0 中则两者兼而有之。传播方式依存于传播媒体,即传播媒体一旦确定,传播方式也随之确定。

传播受体:传播内容的接受者。

网络舆情的传播过程如下。

(1)信源产生舆情信息。

(2)舆情信息一旦发布便开始在网络传播,传播中会由若干个传播主体接收到。

（3）接收到舆情信息的传播主体，若接收该舆情信息，则会以原装、改装或封装的方式在各种传播媒体中进行二次传播。若传播主体不接收该舆情信息，则该条传播链的传播至此结束。

（4）若接收舆情信息的传播主体中有大量核心传播主体，则极有可能导致舆情爆发，否则舆情湮灭于传播媒体中。

1.2 网络舆情的生命周期

网络舆情的传播一般分为四个阶段，其生命周期如图 1-2 所示，分为萌生期、爆发期、平和期、休眠期四个阶段。萌生期即一个舆情开始逐渐成形，仅在一定范围内传播，没有大规模扩散，受众数量和影响面有限，该阶段是舆情热点发现的理想时期，但并不是所有的网络舆情都有明显的萌发期阶段，典型的例子如突发性舆情，该类舆情从产生到爆发只需要很短的时间，但是如果按时间细分，仍然可以发现其存在萌发期；爆发期的标志是舆情扩散速度快，受众数量剧增，情绪化和多极性现象明显，该阶段是进行引导和干预的最佳时期；平和期的标志是舆情受众量稳定，由多极化趋向两极化；休眠期即舆情进入暂时性或永久性沉寂状态，不被称为湮灭期、消退期或类似的名称，是因为某些舆情，在一定的条件下有可能会被再次激活。当网络舆情被再次激活时，其随时间的演变态势仍然遵循图 1-2 所示的四个阶段。

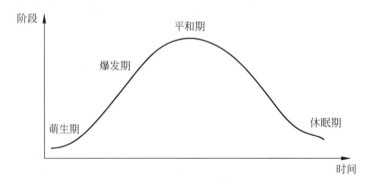

图 1-2　网络舆情演变的四个阶段

从情感倾向性看，网络舆情具有多极性，而不能简单地用两极化的思想对舆情进行划分。从传播方式来看，网络舆情的传播主要有两种，其一是即时通信工具，再者就是 Web 网页，其中以 Web 网页为主。Web 的来源多种多样,一般可将网络舆情常见来源分为 BBS、论坛、博客、播客、微博、新闻站点等;此外,搜索引擎作为网络时代必不可少的一个工具,虽然本身并不作为新闻的承载体,但却同样是一个不可忽视的传播渠道。

1.3 网络舆情的特性

目前公开发布的各类文献中,对网络舆情的特性研究并不十分全面,没有从整个舆情传播体系的角度来归纳总结舆情特性。本节结合对网络舆情的研究经验总结得出:网络舆情的特性决定于网络舆情的核心要素,舆情特性不能脱离传播体系。由于网络具有开放性和虚拟性,网络舆情表达快捷、信息多元,方式互动,我们依据网络舆情的核心要素进一步分析网络舆情的特性,决定了网络舆情具有以下特点:

1. 信源不定性——信源

在现实生活中,我们对各类作品的"佚名"现象毫不陌生。在网络舆情传播空间中,该现象也屡见不鲜,即"信源不定性";并且,由于传播空间的虚拟性,给了网民更多毫无羁绊表达自己思想,甚至是超常到失真程度的表达机会,这也更加剧了信源不定性。信源不定性基本可以归结为三种情况:一是根本无信息来源(但有信息内容);二是信息来源不确定,属于道听途说的信息,往往无法确认正确的版本,例如,以"据报道""据说""据传"等模糊信源制作的新闻常见于各种新闻媒介中;三是信息来源虽明确标注,但可能该来源是虚拟或无法确认的,例如,今日网络报道北京某网络公司的网络推手被拒之后所透露出的一些细节真相印证了这一点。

网络舆情信源的不定性,在一定程度上导致了网络信息存在可信度的问题,特别对于某些草根新闻更是如此,甚至对权威媒体也不例外。例如,2013 年 9 月 9 日,"新华社误报 2020 年申奥结果致《长沙晚报》数十万份报纸重印"。关于 2020 年的申奥结果,央视体育频道主播在直播解说中说到"东京出局了";其后 9 月 8 日凌晨 3 时左右,新华网、新华社先后发布快讯称:"伊斯坦布尔获得 2020 年夏季奥运会主办权"。但是 5 时左右,国际奥委会主席罗格最终宣布获胜的就是东京。新华社的该错误导致《长沙晚报》几十万份报纸被紧急追回、改版、重印,损失巨大。《长沙晚报》副总编辑在微博上声称:"作为新闻供应商,新华社需要给客户一个说法,并反思之"。

广大网民也声称"新华社造谣",并称"相信新华社摆的这个乌龙不过是一个失误,没必要上纲上线"。

2. 传播主体虚拟性——传播主体

互联网的出现,在现实的物理社会空间之外构筑了一个虚拟社会空间。在虚拟社会空间中,一个现实物理空间中的实体可能对应着多重身份,甚至一个实体对应多个身份之间是冲突矛盾的,而这一切都是隐匿的。

3. 传播主体隐匿性——传播主体

互联网是一个虚拟的世界,由于发言者身份隐匿,并且缺少规则限制和有效监督,网络自然成为一些网民发泄情绪的空间。在网络舆情传播过程中,传播主体的隐匿性是网络舆情能够爆发的最重要心理性驱动因素之一。由于传播主体可以选择以隐匿的身份参与网络的各项社会事务,这可以使得他们脱离现实社会道德和现实社会关系的约束,无所顾忌地自由表达其思想,同时使得网络能够传递来自民间最真实的发自内心的声音;这也可以为社会弱势群体争取到现实社会中无法获得的话语权和表达权,这在一定程度上促进了社会公平。但是,由于社会责任的缺失,这同时也有可能导致过度表达,或者是捏造虚拟惹人眼球的事件,造谣中伤,或者存在某些网络推手,进行网络公关,等等,在这些非正常动机驱动下的信息,一方面可能制造了不实的信息源,另一方面也可能驱使某个舆情脱离正常的发展轨道,给网络和社会及管理机构都造成了不必要的麻烦,甚至造成一些消极影响,影响社会正常秩序。

4. 传播主体自由性——传播主体

"网络社会"所具有的虚拟性、匿名性、无边界和即时交互等特性,使网络舆情在价值传递、利益诉求等方面呈现多元化、非主流的特点。加上传统"把关人"作用的削弱,各种文化类型、思想意识、价值观念、生活准则、道德规范都可以找到立足之地,有积极健康的舆论,也有庸俗和灰色的舆论,以致网络舆论内容五花八门、异常丰富。网民在网上或隐匿身份,或现身说法、交流思想、关注民生等,多元化的交流为民众提供宣泄的空间,也为搜集真实舆情提供了素材。

网络舆情传播空间是完全开放的,这不仅体现在它接受的用户不分职业、性别、年龄、地位,也同时体现在对多元化内容的接受,而且还体现在更多的其他方面。传播主体在网络舆情传播空间中是自由的,基本没有道德约束,没有现实社会关系的羁绊(如上下级关系),给了传播主体从未有过的当家做主的感觉,给了传播主体发泄现实社会中不满的机会场所,给了传播主体敢于并乐于表达心中最为真实想法的条件。

5. 传播实体互动性——传播实体

由于传播媒体的多样化,网络传播格局的变化,网民的主动交流互动的积极性高涨。互联网的繁荣可以说与此关联程度很高,特别是实时互动模式的出现更是功不可没。互动包含多种形态:一般互动、互扬互动、互抑互动。其中互抑互动又可分为良性互抑互动和恶性互抑互动两种类型。

互扬互动:互扬互动指互动的各方是互相认可的探讨式互动,这主要体现在有着共同观点的现实或虚拟群体空间成员之间,或者有着共同利益的离散个体。

互抑互动:互抑互动指互动的各方是互不买账的争辩式互动,主要体现在观点不一致的现实或虚拟群体空间、成员之间,或者利益冲突的离散个体。其中良性互抑互动指的是互动各方虽然观点意见不一致,但却有着共同的追求目标(希望弄清事实真相),随着互动的深入(所谓事情越辩越明),有可能达到观点一致,即发展为互扬互动。而恶性互抑互动则常常是互动各方恶意对垒,水火不容,例如,所谓的水军与其他网民之间,公关队伍与其他网民之间的关系。

一般互动:除了上述两种之外的互动方式统称一般互动。

6. 马太效应(从众效应)——传播主体、传播内容

网络舆情信息经由传播网络扩散后,在传播链中的各个传播主体的意见往往不一致,而这些"先入为主"的意见在后续的传播链中会各自吸纳一定的支撑主体(早出现的意见观点往往具有更强的导向性,会给后来的讨论定下基调和方向,并对传播链后端的用户造成干扰),同时在后续也会有新的意见观点产生出来。这些百家争鸣的意见理论上可能会多得无以计数,然而实际上真正能够沉淀下来并吸纳足够多用户意见的数量却不多。其原因在于:在这些观点意见传播竞争中,一些"先声夺人"的观点意见、意见领袖所支撑宣扬的观点意见等都会慢慢脱颖而出,并吸引越来越多的支持主体,总体上即呈现出强者愈强、弱者愈弱的"马太效应"。

7. 意见极化性——传播实体

意见极化性与上述的马太效应有些类似,然而却并不完全相同。马太效应是意见极化性的前奏,有了马太效应,才导致了意见极化。

无数的离散观点,经过马太效应的作用,只会有若干个典型观点保留下来,从而呈现出意见的多极化特性。多极化最终发展的可能性就是二极化。

8. 放大效应——传播媒体

互联网具有放大作用,目前网络舆情所依赖的传播媒体空间总体来说正是互联网,因而网络舆情传播媒体往往对传播内容具有放大作用。当一个话题产生发布后,舆情会沿着传播网络,以网状链式方式扩散传播并呈几何级数增长,就如同原子核的裂变一样。

传播媒体对舆情的放大作用体现在两个方面。在纵向方面,其放大作用体现在传播主体对舆情的讨论层次越来越深;在横向方面,其放大作用体现在舆情论题的讨论越来越广,传播覆盖面越来越大,传播媒体更加多样化(如由微博到博客、论坛、新闻门户等),这种变化可能体现为由小及大、由点到面,舆情次生灾害即是由于传播媒体对舆情的横向放大所导致。

榜样作用经由放大是相关机构所期望的,而负面言论则是相关机构所不期望的。然而经过放大后,一个论题可能会发散扩展为若干个论题,并且论题主题甚至有所偏移,出现真假无可分辨,甚至导致集体认知失真,"三人成虎"即是最好的例子,其真正的演化发展趋势却不一定能沿着所期望的方式发展。

需要注意的是,放大效应尤其对于"坏事"作用更为明显,而对"好事"的放大作用稍弱。正如常言所说"好事不出门,坏事传千里"。

9. 链式网状传播——传播方式

从大的方面讲,网络舆情的传播媒体是互联网;而从小的方面来讲,则有微博、博客、论坛、新闻门户、微信等。从宏观角度看,这些传播媒体基本都呈现网状结构。从传播内容在传播媒体中节点的流动来看,则呈现类似树状组织的传播链。类似于舆情从一棵树的根部注入,舆情沿着树的主干往上传播,再传播至各个支干,接着传播至每根树枝直至每片树叶。这是一种典型的链式网状传播方式,正如原子核的裂变过程一样,该特性在社交网络中表现尤为明显。

网络舆情正是以链式网状传播方式在传播媒体中传播。但是在传播过程中的保真度却无法保证,并且失真程度随着传播距离的增加可能会越来越严重,甚至演变为若干版本。上述传播网络和传播链并非一成不变,而可能是动态的、离散的、跳跃变化的。一方面各个传播主体可能同时参与多个传播链的传播,其最终的意见取向与哪条传播链维持一致,或者自己有新的观点意见,这与传播主体的个人素质、周围环境息息相关;另一方面,作为网络传播链中的节点,同时也是现实物理空间中的一个节点,同样会受现实物理网络中其他传播主体的影响并改变自身从网络传播链中继承的观点,这样即实现了跳跃式的离散变化,转而跳至其他的传播链上。由于传播链之间是错综复杂交织在一起的,各条传播链上的观点意见相近或相同的传播主体会逐渐形成虚拟群体。网络舆情热点之所以能形成并逐渐升级演化,重要原因之一在于:网络能使各地有相同利益诉求的传播实体迅速聚合为一个有着共同追求的虚拟群体。

另外,在这种链式网络传播中,各个传播实体并非地位对等的。虽然从传播网络中将各个传播实体割裂开来看,各个传播实体都握有麦克风并且有相同的发言权、发言机会,但是在传播网络拓扑中来看,各个传播实体地位是不等的,处于核心节点的传播实体具有更大的把自身意见传播出去的机会,更具有"一呼百应"的能力。

10. 网络舆情直接性——传播方式

通过 BBS、新闻点评和博客网站,网民可以立即发表意见,下情直接上达,民意表达更加畅通;网络舆情还具有无限次即时快速传播的可能性。在网络上,只要复制粘贴,信息就得到重新传播。相比较传统媒体的若干次传播的有限性,网络舆情具有无限次传播的潜能。网络的这种特性使它可以轻易穿越封锁,令监管部门难以控制。

11. 传播速度快——传播内容、传播媒体

传播内容所依赖的传播媒体的拓扑结构,以及网络虚拟空间不受时空因素影响的特点,决定了其传播速度远远大于现实物理空间的速度,可以迅速地以燎原之势席卷整个传播空间。

12. Hub 驱动性——传播实体、传播媒体和传播方式

一般而言，网络舆情是自发形成的，但随着网络舆情所呈现的社会效应日趋明显，网络舆情逐渐呈现出一定的组织性和目的功利性。相对于传统主流媒体而言，基于互联网的各种传播媒体，给传播实体提供了更为经济、高效、便捷的选择，可以以较低的代价在很短的时间内推动某舆情在传播媒体中爆发式传播并形成规模，从而成为舆情热点并吸引来自全国甚至全球的关注。那些处于舆论风口浪尖的政府机构、官员、企业、企业高管、名人、影视明星、大款、大腕、拥有权钱优势的二代等对此是极其畏惧的；而对于从事网络营销的商家来说，同样也可以利用该效应实现低成本高效益的营销推广。正是基于此，网络公关公司、网络推手、专业水军，还有所谓的"五毛族"应运而生，这些人员通晓网络基本知识或操作技能，深谙网络传播规律和民众心理，并由于长期的积累，往往都有一定影响力沉淀，可以较为容易地通过各种精心策划、导演的干扰手段，转移民众关注视线，从而实现间接控制网络舆情的形成和演化轨迹，实现自己的商业经济利益或者其他意图。

即使在没有任何非正常干扰的舆情演化传播轨迹中，也可以发现自然的 Hub 节点的作用，没有 Hub 节点的驱动，网络舆情往往很难发展为热点，Hub 节点的观点意见，能够对一条或多条传播链，甚至整个传播空间产生影响。

13. 突发性——传播内容

网络舆情的产生往往无法预测且具有突发性，网络打破了时间和空间的界限，某些突发事件一旦发生，重大新闻事件在网络上成为关注焦点的同时，也迅速成为舆论热点。在当前，舆论炒作方式主要是先由传统媒体发布，经过传播主体以情绪化意见进行渲染之后在传播媒体中传播，然后在网络上转载，一旦吸引了更多传播主体和 Hub 传播主体的关注，将迅速发展为舆情热点，再形成网络舆论，最后反馈回传统媒体，形成强大的舆论声势；若有新闻门户、电视电台、报纸传媒的加入，则将形成全国性的舆情热点。网络可以实时更新的特点使得网络舆情可以最快的速度传播。

14. 多元性——传播内容

网络舆情的论题和内容极为宽泛。由于网络舆情的突发性,这也就导致了网络舆情论题的随机性。从舆情传播主体的范围来看,他们分布于社会各阶层、各个职业、各个年龄层次及不同性别;从舆情的论题来看,涉及政治、经济、文化、军事、外交以及社会生活的各个方面;从舆情来源上看,既有发表于草根媒体的内容,也有来源于传统主流媒体平台的内容。

15. 论题集中性——传播内容

虽然现实物理空间和虚拟网络空间的论题很多,可以涉及人类社会的各个方面,然而统计发现,论题具有明显的集中性。根据网络调查的结果,按投票结果列出排在前 10 条话题敏感的类别,如图 1-3 所示。

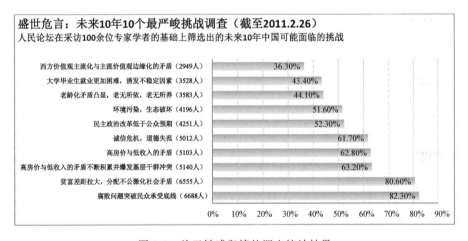

图 1-3　关于敏感舆情的调查统计结果

从图 1-3 中我们不难发现,论题主要集中在如下几个方面:官员腐败问题、分配不公问题、房价问题、社会道德问题、干群冲突问题、社会民主问题、环境问题、就业问题、老龄化问题。以温州市为例,温州炒房团、网友悬赏环保局长下河游泳等问题都属于这些范围。在经济快速发展的今天,除了经济问题,由经济发展带来的政治、社会、道德问题等都是我们的政府和社会需要反思的。由于这些深层问题的解决需要一个过程,因此,公众对地方政府缺乏信任成为各地群体性事件越来越多的重要原因。

16. 传播内容偏差性——传播内容

互联网舆情是社情民意中最活跃、最尖锐的一部分,但网络舆情还不能等同于全民立场。随着互联网的普及,新闻跟帖、论坛、博客的出现,中国网民们有了空前的话语权,可以较为自由地表达自己的观点与感受。但由于网络空间中法律道德的约束较弱,如果网民缺乏自律,就可能会导致某些不负责任的言论,例如,热衷于揭人隐私、妖言惑众、反社会倾向、偏激和非理性、群体盲从与冲动等。由于发言者身份隐匿,并且缺少规则限制和有效监督,网络自然成为一些网民发泄情绪的空间。在现实生活中遇到挫折,对社会问题片面认识等,都会利用网络得以宣泄。因此在网络上更容易出现庸俗、灰色的言论。

传播内容的偏差性与以下多个因素相关:首先,由于网络舆情传播空间中传播主体的隐匿性免除了现实物理实体的道德约束、法律约束、关系约束,这也就导致了传播主体所传播内容的可靠性问题和偏差性问题;其次,由于传播主体的客观条件所限,对部分公共资源和私密资源的访问权限不足,导致其传播出现不全面、不完整甚至错误等偏差性问题,即使传播主体主观意愿并不希望如此,然而该情况亦不可避免出现;再次,即使传播主体主观意愿良好,对相关资源的访问权限亦不受限制,然而由于其粗心或者其他不可抗拒性原因,仍然可能导致内容偏差问题。

17. 二楼定律——网络公关

在多种传播媒体平台中,尤其是在新闻门户的新闻评论中,有一种被网民总结为"二楼定律"的现象。其所描述的是以下现象:针对某个新闻报导内容,不同的传播主体可能会独立发表不同的意见和看法,这些意见看法各自独立,不存在隶属关系(即一个主体发表的内容并非对另外一个主体发表内容的盖楼与跟帖),这些各自独立的意见、看法虽然往往并不一致,其分布并不遵从某种固定的规则。这些独立的意见、看法后,若存在隶属的跟帖的话,则跟帖的第一条往往和原始意见相左,且往往表达的观点、意见是不合大众评判标准的,极其另类(往往被网友冠以"五毛""脑残"等之类的骂名称呼)。而这以下的跟贴则几乎全部一致地对第一个跟贴进行攻击谩骂,该现象就被总结为"二楼定律"。

该现象的产生,极有可能是专业网络水军、网络公关团队等有组织的人员所为。这些人员被派驻国内多家高影响力的传播平台,并实时对与自身追求、自身利益不一致的观点进行反驳,而不管事实真相如何。这类人员和网民之间往往形成一种恶性互抑互动关系。

1.4 网络舆情权威科研机构及知名专家学者

1. 清华-优讯舆情实验室[4]

清华-优讯舆情实验室成立于2011年6月,由清华大学新闻与传播学院和优讯时代(北京)网络技术有限公司两家单位联合设立,该实验室结合了清华大学的学术研究资源以及优讯的市场经验,开展舆情监测领域的最新学术和应用研究,开展舆情监测领域的教育和培训,出版舆情监测期刊,举办舆情监测领域的学术性会议和活动,为社会提供舆情危机咨询服务。

2. 山东大学-优讯舆情研究中心[5]

山东大学-优讯舆情研究中心由山东大学新闻传播学院联合社会专业力量设立。该中心融合山东大学的学科、学术、专家、人才等资源优势和专业公司的技术能力及舆情服务经验,面向各级党政机关及社会团体、高校及科研单位、媒体及出版单位、企事业单位等,开展网络舆情监测与分析研判、公共传播决策支持的应用研究,提供基于网络信息门户的市场竞争情报及商业资讯服务。该中心对外服务项目包括:舆情及资讯的管理规划设计与咨询顾问,舆情监测、商业资讯、竞争情报服务,舆情及相关的研究、教育培训等。

3. 新华网网络舆情监测分析中心[6]

新华网是国内最早从事网络舆情监测分析服务的机构之一,新华网网络舆情监测分析中心2003年以来一直在为中央有关部门专供舆情报告。已建立一支100多人的舆情分析队伍,拥有业内领先的舆情监测统计技术,积累了丰富的舆情分析研判经验。

为了落实中央领导密切关注网上舆情、提升舆论引导能力的重要指示,新华网推出了"舆情在线"网络舆情监测与分析系列产品和服务,包括全国乃至全球网络舆情、电视舆情监测研判服务,危机公关和舆论引导服务,等等。该中心依托新华网权威媒体平台和先进技术手段以及阵容庞大的专家队伍,以网络舆情研判为基础,提供智库类综合信息服务,帮助各级党政机关和企事业单位领导干部探索利用互联网倾听民意呼声、改进工作方式的途径。

4. 人民网舆情监测室[7]

人民日报社下属机构自 2006 年起就开始逐步探索网络舆情研究,并于 2008 年正式组建人民网舆情监测室(人民日报社网络中心舆情监测室)。人民网舆情监测室是国内最早从事互联网舆情监测、研究的专业机构之一,在舆情监测和分析研究领域处于国内领先地位。舆情监测室有具备传播学、社会学、经济学、公共管理学、数理统计学等专业背景的舆情分析研究人员 300 多名,已初步形成了一套较完整的网络舆情监测理论体系、工作方法、作业流程和应用技术,可以对传统媒体网络版(含中央媒体、地方媒体、市场化媒体、部分海外媒体)、网站新闻跟帖、网络社区/论坛/BBS、微博客、SNS 社交网站、网络"意见领袖"个人博客、网站等网络舆情主要载体进行 24 小时监测,并进行专业的统计和分析,形成监测分析研究报告等成果。

5. 暨南-红麦舆情研究实验室[8]

暨南-红麦舆情研究实验室始创于 2012 年 9 月 27 日,由暨南大学新闻与传播学院与红麦聚信(北京)软件技术有限公司共同成立,是国内首例大学学术机构与舆情研发公司开展的合作形式,双方共同参与舆情培训班及相关讲座,共同研究社会舆情和发布社会舆情分析报告。

6. 天津社科院舆情研究所[9]

天津社会科学院舆情研究所创立于 1999 年 10 月,前身为"天津社会科学院舆情调查研究中心",该研究所初步形成 5 个具体分支方向:①舆情基础理论研究;②网络舆情研究;③舆情热点问题研究;④舆情与公共政策关系研究;⑤中西方舆情和民意思想比较研究。在舆情基础理论研究方面居全国前列。天津社科院舆情研究所出版的专著《舆情研究概论——理论、方法和现实热点》,着重探讨了舆情的基本概念、构成要素、基本特征和基本规律,是一部系统研究网络舆情问题的学术专著。

该研究所服务于中宣部舆情信息局、国家网信办以及天津市委市政府有关部门,坚持以舆情理论研究为指导,以社情民意调查和数据分析为手段,充分发挥其作为中央及地方党政工作智库的作用。

7. 新传媒网络舆情技术实验室[10]

新传媒网络舆情技术实验室是由新传媒网、中国人民大学舆论研究所、新传媒产业联盟联合建立的国内首个致力于网络舆情前沿技术与管理方法研究与推广的开放式实验室。该实验室依托新传媒网对新媒体的深度认识和行业资源优势以及中国人民大学舆论研究所在舆情领域的研究基础,在国内率先推出专业化、集成化的"新传媒网络舆情管理全面解决方案"。解决方案包括"网络舆情人才培养体系""网络舆情技术平台体系""网络舆情危机管理体系""网络舆情智囊顾问体系"为核心的四大体系,采用一站式、集成化的创新服务模式,解决从人才培养、舆情监测管理、网络危机管理到舆情管理智囊支持的舆情管理全面解决方案。该实验室的主要工作包括搭建官产学研在网络舆情技术领域合作交流的平台,引导推动我国自主知识产权的网络舆情领先技术的发展,研究探讨行业技术标准以及发展中的难题和共性问题,网络舆情先进技术与解决方案评估、测试、推广、宣传等,同时,还邀请了有关政府部门、大学院校、研究机构、行业协会、知名网站以及拥有核心技术的企业作为成员单位或合作伙伴。

8. 复旦大学舆情研究实验室[11]

复旦大学舆情研究实验室专注于网络舆情的生成规律及传播机制的研究,面向政府及企业提供网络舆情预警、监测、应对方案。实验室注重理论联系实际,整合新闻传播学、政治学、社会学、信息学等多学科资源,研究成果包括多个重大项目、舆情监测分析报告等。

9. 华中科技大学舆情信息研究中心[12]

华中科技大学舆情信息研究中心是华中科技大学于2008年批准成立,由中共湖北省委宣传部和华中科技大学共同建设的,是湖北省人文社科重点研究基地、华中科技大学非传统安全研究中心的重要研究机构及中共中央宣传部舆情信息直报点。

该中心以舆情信息基础理论、网络舆情与社会安全、高校网络舆情、社会思潮等为研究方向,致力于建设一个高水平的、具有重要影响的舆情研究、咨询和培训基地平台,实现舆情信息工作的专业化、实践化和舆情信息研究的理论化、深度化,为社会主义现代化和建设和谐社会服务。

10. 中国传媒大学网络舆情（口碑）研究所[13]

中国传媒大学网络舆情（口碑）研究所（简称 IRI），是国内权威的专门为政府服务的网络舆情研究和咨询机构。IRI 承担了国家社科基金重大课题——中国特色网络文化建设与管理战略研究（07&ZD041）的"网络舆情指数体系"核心子课题的研究，构建了国家级的网络舆情指数体系，解决了国家用指数来衡量网络舆情从而更加科学研判的国家难题。在国内首次建立了通过对网络舆情量化及指数化实现网络舆情的科学收集、分析研判和预警对策一整套科学规范的工作体系，初步解决了以往舆情识别中的漏报、少报、瞒报、错报、误报问题，初步解决了以往舆情判断中的假判、误判和错判问题以及舆情处置中的盲目、缩小、夸大、无力、耽搁等问题，提升了基于网络突发公共事件危机管理的预警力、判断力和处置力。IRI 发布报告称，当前社会实情与网络舆情之间的互动格局正在形成。大量案例研究显示：网民对重大社会事件网络舆情的贡献率为 59％；在 79％的重大新闻事件中，网民积极评论对媒体增加报道量具有推动作用。2009 年发生的湖北巴东邓玉娇案、上海"钓鱼执法"事件都是网民和媒体共同推动问题解决。

11. 中正舆情研究中心[14]

中正舆情研究中心由北京大学与中正舆情机构联合创办，主要专注互联网与社会应用科学研究，是北大产、学、研、用的重点科研基地，是一家专注于网络舆情与品牌战略的互联网舆情产业第三方智库的倡导者与领导者。

中正舆情研究中心旗下拥有"中国舆情在线"与"舆情决策参考"两大通用平台，以及网络舆情监测平台、网络舆情应对平台（EPR）、网络舆情智库平台、网络舆情培训平台和微博服务平台（PRAC）五大职能平台，九项舆情专业服务产品。该中心先后与全球 300 多家网络媒体达成信息数据互动联盟，并与北京大学文化与品牌战略研究所、《求是》杂志、《红旗文摘》杂志、成都信息工程学院舆情研究所等多家机构战略合作整合，形成了集舆情重大课题研究、舆情高端培训、软件开发、即时监测、精准研判、趋势分析于一体的网络舆情一站式服务体系。

12. 南京大学谷尼舆情分析研究实验室[15]

南京大学网络传播研究中心成立于 2003 年，是国内最具影响力的网络传播学科研机构之一，该中心曾主持"网络社会的传播与控制"等一大批国家社科基金重大委托项目。谷尼国际软件（北京）有限公司是国内知名的定向搜索与网络监控技术供应商，先后成功开发了谷尼（Goonie）网络舆情监控系统、谷尼（Goonie）企业竞争情报系统、谷尼（Goonie）全文检索引擎系统等软件产品，为多个国家部委及市政府、数十家知名网站、国内知名学府提供软件服务。南京大学网络传播研究中心与谷尼国际共建"舆情监控研究基地"，打造全国首家探索性、前瞻性、复合型网络舆情实验室，其网络舆情与竞争情报整合的系统平台为全国首创，并已在蒙牛乳业、中石化西北油田、绿能高科等企业成功应用。

13．上海交通大学舆情研究实验室[16]

上海交通大学舆情研究实验室基于上海交通大学强大的信息安全技术优势和跨国家、跨学科、多层次的社会舆情研究团队支撑，专注于公民社会背景下社会各界舆情应对能力的研究，面向政府、企业、机构、社会团体、个人提供社会舆情预警、监测、应对方案。实验室整合新闻传播学、社会学、管理学、信息安全等多学科资源，注重理论联系实际，研究成果形式包括政府、企业、机构、社会团体、个人舆情应对能力指数及应对能力评估分析报告，《新媒体与社会》杂志、舆情内刊、舆情网、社会舆情案例库及相关数据库，国家形象全球调查数据库等。

14．北京交通大学网络舆情安全研究中心[17]

国内首个网络舆情安全研究机构——北京交通大学网络舆情安全研究中心于2009年1月10日正式挂牌成立。该中心瞄准国际前沿，密切结合国家和谐社会网络环境的战略需求，利用电子信息技术手段，从人文、计算机和复杂系统等多学科的角度，进行网络舆情产生、传播和导控等方向性研究和自主网络舆论安全关键技术研发，为国家培养高水平的网络舆论导控人才。

15．北京大学李晓明教授

李晓明教授的研究工作一直聚焦在海量互联网信息处理领域并积极倡导信息技术与社会科学的结合，主持完成的标志性成果是"中国网络信息博物馆"，主持研发的"天网"搜索引擎系统是全国最有影响的出自校园的搜索引擎系统。他出版了搜索引擎专著《搜索引擎：原理、技术与系统》和译著

《万维网的定律》，是"全国搜索引擎与网上信息挖掘学术研讨会"的发起人。

16. 清华大学沈阳教授

沈阳教授围绕微博及全网信息研究网络舆情，其成果包括：实时舆情分析报告、舆情周刊、舆情月报、季度舆情报告（下载量超过5万次），以及专题舆情研究报告（如城管）、舆情推演（初步预测舆情事件的发展走势）、中国城市网络形象报告、舆情会商等。其所在团队与新华社、人民网、光明网、新浪网、腾讯网、正义网等单位均具有紧密合作，在国内外媒体具有一定影响力。沈阳先后发布了多个舆情分析软件，包括微博数据抓取、词频分析、社交网络分析、大跨度新闻频度等分析软件。成立于2014年的北京清博大数据科技有限公司，拥有新媒体第三方评估平台，由沈阳提供学术支持。团中央等部委，新华社、解放军报、中国青年报等媒体，万达、海尔等大型企业，腾讯、新浪、今日头条等互联网公司的部分新媒体运营以清博新媒体指数为评价标准；北京清博大数据科技有限公司为新华社、孔子学院、海尔、腾讯、新浪、今日头条等单位和机构提供大数据挖掘、大数据分析和舆情监测服务。

17. 蒲红果

蒲红果，北京大学法学学士、中国人民大学新闻学硕士、哲学博士、千龙网·中国首都网副总编辑。全国性网络舆论引导工作的最早倡行者之一，网络舆论研究和新媒介素养培训专业人士，北京市互联网信息办公室网络评论处原负责人，首都互联网协会网络新闻评议专业委员会委员，中国传媒大学媒介评议与舆论引导研究中心特约研究员，北京信息科技大学公共管理与传媒学院特聘教授，海量数据处理工程研究中心、工信部舆情所、新华社青海分社、新华网等单位特聘舆情管理专家。2004年以来先后供职于北京市对外宣传办公室和北京市互联网信息办公室，曾负责网络评论处的工作，曾在中共中央组织部负责网络信息相关工作。

十余年来，他一直从事网络新闻宣传管理和舆论引导工作，专注于网络舆论引导研究和党政企事业单位人员新媒介素养培训。近几年，蒲红果发表《如何团结和培养网络意见领袖》等论文数十篇，参与撰写出版《说什么，怎么说：网络舆论引导与舆情应对》《如何应对舆情危机：新媒体时代的企业生存之道》《网络宣传读本》《舆情之剑——企业网络危机应对》等书籍。

1.5 网络舆情指标体系

舆情指标体系庞大,涉及多个层面,既有技术层面的微观指标体系,也有应用层面的宏观指标体系。目前国内公开的文献中并无公认而成体系的指标,下面总结并归纳部分应用层面的指标。

1.5.1 扩散度指标

扩散度指标是影响网络舆情信息安全的重要指标之一,它用来刻画某一具体的舆情事件或细化主题的相关信息在一定统计时期内通过互联网呈现的传播扩散状况。

1. 网络舆情信息流量变化

网络舆情信息流量变化是指在一定的统计时期内某一舆情信息通过互联网不同的数据源通道形成的报道数、帖子数、博文数等相关信息总量的变化值,它一般都是通过 Web 页面数的变化来呈现的,也可以通过更为细化的 Web 页面块来表达。

通过 Web 页面在不同统计期内的数值形成在一段较长时间内连续的 Web 页面及某舆情信息量的变化走势,能帮助评估者挖掘出舆情波动点(峰谷点)所在的时间等重要时间节点,便于发现舆情信息态势的变化规律。

2. 网络舆情信息网络地理区域分布

网络舆情信息网络地理区域分布是对网络舆情信息的空间分布特征进行描述,用以体现在一段统计时间内,某一舆情信息的流通量在各地理区域上的分布,以此判定信息流通量最大区域及在该时间段内的扩散趋势及分布范围。该指标往往通过 IP 地址、ID 等因素来获取、查询和定位。

1.5.2 关注度指标

民众关注度指标用来刻画在一段统计时期内民众对舆情的关注情况,有助于从海量的舆情信息中捕捉和发现民众关注的热点所在,关注该舆情信息的爆发和演化规律。关注度指标分别包括论坛通道舆情信息活性指标、新闻通道舆情信息活性指标、博客通道舆情信息活性指标、其他通道舆情信息活性指标等。

1．论坛通道舆情信息活性

论坛通道舆情信息活性指标包括：累计发布帖子数量、发帖量变化率、累计点击数量、点击量变化率、累计跟帖数量、跟帖量变化率、累计转载数量和转载量变化率等。

2．新闻通道舆情信息活性

新闻通道舆情信息活性指标包括：累计发布新闻数量、发布新闻数量变化率、累计浏览数量、浏览量变化率、累计评论数量、评论量变化率、累计转载数量、转载量变化率等。

3．博客通道舆情信息活性

博客通道舆情信息活性指标包括：累计发布博文数量、发布博文数量变化率、累计阅读数量、阅读量变化率、累计评论数量、评论量变化率、累计转载数量、转载量变化率等。

4．其他通道舆情信息活性

其他通道主要包括：即时通信软件（QQ、MSN、微信等）、电子邮件、手机短信平台等。

1.5.3　内容敏感度指标

网络舆情信息内容敏感度是指某一特定的网络舆情信息内容可能造成的危害程度，其评价主要通过敏感词列表来实现。

1.5.4　情感倾向指标

情感倾向指标用以刻画针对某一特定的网络舆情信息，民众所持有的观点态度（即民意）倾向。与内容敏感度指标的评价原理一样，目前主要通过情感词列表来实现。

以上四种指标如表1-1所示。

表 1-1　网络舆情指标

一级指标	二级指标	三级指标
扩散度	流量变化	流通量变化值
	网络地理区域分布	网络地理区域分布扩散程度
关注度	论坛通道舆情信息活性	累计发布帖子数量
		发帖量变化率
		累计点击数量
		点击量变化率
		累计跟帖数量
		跟帖量变化率
		累计转载数量
		转载量变化率
	新闻通道舆情信息活性	累计发布新闻数量
		发布新闻数量变化率
		累计浏览数量
		浏览量变化率
		累计评论数量
		评论量变化率
		累计转载数量
		转载量变化率
	博客通道舆情信息活性	累计发布博文数量
		发布博文数量变化率
		累计阅读数量
		阅读量变化率
		累计评论数量
		评论量变化率
		累计转载数量
		转载量变化率
	其他通道舆情信息活性	其他通道舆情信息活性值
内容敏感度	舆情信息内容敏感性	舆情信息内容敏感程度
情感倾向	舆情信息态度倾向性	舆情信息态度倾向程度

1.5.5　微博统计参数指标

微博信息统计中,少数具体参数指标无法获取,不过觉得有意义,为研究和统计的完整性,先列进来。微博统计参数指标说明如表 1-2 所示。

表 1-2 微博统计参数指标说明表

参数或指标	引申指标	说明
信息量 I	信息增长率 $\Delta I=(I_2-I_1)/t$	可以衡量微博内容上的基数及增长速度；该指标可单独用于原创信息或者转发信息
	活跃信息量 I_a 及活跃率 I_a/I	可以细分为回复数、转发数或其共同贡献超过阈值的信息，或者根据是回复还是转发再细分（转发表示感兴趣，不一定有是非判断之分；回复则表明往往具有支持、反对或中立的态度；回复的权值应高于转发，因为参与的深度更深）
	原创信息量 I_o 及原创率 I_o/I	文本
	视频信息量 I_v 及视频率 I_v/I	视频
	图片信息量 I_p 及图片率 I_p/I	图片
	音乐信息量 I_m 及音乐率 I_m/I	音乐
	表情信息量 I_e 及视图率 I_e/I	表情
粉丝量 F	粉丝增长率 $\Delta F=(F_2-F_1)/t$	可以衡量一段时间的粉丝基数及粉丝增长速度
	活跃粉丝量 F_a	原创、评论、转发等达到一定阈值的粉丝数量
	优质粉丝量 F_e	如蓝 V、黄 V 粉丝数
	认证粉丝量 F_c	
	互粉量 F_m	用绝对值还是相对值？有必要可定义其增量
	粉丝地域覆盖率 F_d	绝对值；若相对值，则按省份？国外如何算？
	二级粉丝数 F_s	粉丝的粉丝数
	活跃二级粉丝数 F_{sa}	粉丝的粉丝中的活跃粉丝数
转发量 T	篇均转发数 T/I	粉丝转发博主博文量的转发数/总信息量
	人均转发数 T/F	平均每个粉丝的转发数
	转发率 I_T/I	I_T 表示被转发过的篇数（一篇多次转发计 1）
	转发增长率 $\Delta T=(T_2-T_1)/t$	某个时间段 t 的转发增量；同样可以定义原创信息的转发增长率
	原创转发量 T_o	转发信息的转发量 $T-T_o$

续表

指标或参数	引申指标	说明
评论量 R	篇均评论数 R/I	粉丝评论博主博文的评论数/总信息量
	人均评论数 R/F	平均每个粉丝的评论数
	评论率 I_R/I	I_R 表示被评论过的篇数（一篇多次评论计1）
	评论增长率 $\Delta R=(R_2-R_1)/t$	某个时间段 t 的评论增量；同样可以定义原创信息的评论增长率
	原创评论量 R_o	转发信息的评论量 $R-R_o$
	对外评论数 R_x 及其增长率	博主对其他博主的评论数
私信量 P	对外私信量 P_o	博主对其他人的私信量
	对内私信量 P_i	其他人对博主的私信量
	人均私信量 P_i/F 和 P_o/F	可以用于描述互动性
收藏量 C	篇均收藏数 C/I	粉丝收藏博主博文量的数目/总信息量
	人均收藏数 C/F	平均每个粉丝的收藏数
	收藏率 I_C/C	I_C 表示被收藏过的篇数（一篇多次收藏计1）
	收藏增长率 $\Delta C=(C_2-C_1)/t$	某个时间段 t 的收藏增量；同样可以定义原创信息的收藏增长率
	原创收藏量 C_o	转发信息的收藏量 $C-C_o$
微博年龄 A		计算微博的成长力时应予以考虑；不过更应关注微博近一段时间的成长力，微博年龄权重低
话题数 M		指微博中信息聚类后的类别数，可以用来衡量一个微博的涉及面的广度、专业度等；聚类对象：转发、原创、评论，或各自聚类
外粉数 O	外粉率 O/F	博主是其他人的粉丝的数目，有必要可定义增量
如下的指标为综合评定指标，均由上述若干指标组合而成（下述仅为粗糙的关联关系——自变量粗糙）		
互动力	$f(O,P,R,T,F)$	刻画与粉丝的互动性
成长力	$f(O,P,R,T,F)$	刻画微博的活跃程度，成长趋势，亦可称活跃度
覆盖力	$f(R,T,F)$	刻画微博的覆盖程度，覆盖广即传播远，亦可称传播力
内聚力		微博内容的内聚程度，还是很零碎。分类的标准问题，亦可去除该指标
创新力	$f(I,T,R,P)$	刻画微博的创新程度（若 P 与原创相关，则对创新力有贡献）
影响力	$f(O,P,R,T,F)$	刻画微博的影响力，覆盖广的，影响不一定高

1.5.6 论坛网站评价指标

微博数据的自动化获取,若采取新浪 API,稳定但不全且受限;若采取非常规方式则不稳定,好处是感兴趣的微博不多。网站可获取的信息有限,论坛介于二者之间。论坛评价指标和网站评价指标分别见表 1-3 和表 1-4。

表 1-3 论坛评价指标

指标	扩展指标	说明
信息数 I	原创帖及其增长率 I_o、ΔI_o	明确标明为原创的帖
	转帖数及增长率 I_r、ΔI_r	明确标明为转帖的帖
	发帖数及增长率 I_p、ΔI_p	非上述两种情况
	热帖数(回复)及增长率 I_{hr}、ΔI_{hr}	回复数超过指定阈值
	热帖数(浏览)及增长率 I_{hb}、ΔI_{hb}	浏览数超过指定阈值
	增长率 ΔI	
用户数 U	增长率 ΔU	
	版主数 U_m	
	领袖数 U_l	
	群体数 U_g	
	发帖活跃用户数 U_{ap} 及增长率 ΔU_{ap}	指定时间段发帖频次超过阈值的用户
	登录活跃用户数 U_{al} 及增长率 ΔU_{al}	指定时间段登录频次超过阈值的用户
	在线用户数曲线(时,天,月,年)	数据可能无法获取
版块数 B	增长率 ΔB	
	热门版块数 B_h	发帖量超过指定阈值的版块
	存活版块数 B_l	发帖量非 0 的版块

表 1-4 网站评价指标

指标	扩展指标	说明
信息数 I	原创文章及其增长率 I_o、ΔI_o	明确标明为原创的信息
	转发数及增长率 I_r、ΔI_r	明确标明为转发的信息
	发文数及增长率 I_p、ΔI_p	非上述两种情况
	热文数(回复)及增长率 I_{hr}、ΔI_{hr}	回复数超过指定阈值
	热文数(浏览)及增长率 I_{hb}、ΔI_{hb}	浏览数超过指定阈值
	增长率 ΔI	
栏目数		

第 2 章 网络舆情基本理论及技术

网络舆情是社会舆情的一个重要组成部分,不仅反映了某些社会群体或阶层的社会政治态度,而且是社情民意的一个重要表现。建立网络舆情热点采集与追踪分析系统,及时、全面地掌握社情民意,对于提高决策的民主化与科学化,对于维护社会的稳定,都具有十分重要的意义[18]。

网络舆情的采集与监测,首先要用到计算机自然语言处理中的中文分词技术,通过计算机对突发事件新闻进行整理,从大量的新闻报道中自动提取突发事情的热点信息,自动查找出热点事件的关键词。本章首先介绍中文分词处理技术,在此基础上概括自主开发设计的网络舆情热点采集与分析追踪系统框架,并详细解释和说明网络舆情的演化模型,分析其涨落关联关系。

2.1 中文分词处理技术

2.1.1 中文分词问题研究

在中文信息处理领域,最早也是最简单的中文分词方法是北京航空航天大学的梁南元教授所提出的查字典法。该法主要分为 3 种方式:正向最大匹配算法、逆向最大匹配算法、最少切分法。正向匹配算法把一个句子从左往右进行扫描,遇到字典中有的词就标识为一个词;逆向匹配算法则从右往左进行扫描匹配;最少切分法则是保证一个字符串切分次数最少的方法。其后出现利用统计语言模型分词的方法,该法可以用几个数学公式简单概括如下:

假定一个句子 S 可以有几种分词方法,为简单起见,假定有以下 3 种:

A_1,A_2,A_3,…,A_k;
B_1,B_2,B_3,…,B_m;
C_1,C_2,C_3,…,C_n。

其中,A_i,B_j,C_t等都是汉语的词。那么最好的一种分词方法应该保证分完词后这个句子出现的概率最大。也就是说,如果 A_1,A_2,…,A_k 是最好的分法,那么(P 表示概率):

$P(A_1,A_2,A_3,…,A_k) > P(B_1,B_2,B_3,…,B_m)$,且
$P(A_1,A_2,A_3,…,A_k) > P(C_1,C_2,C_3,…,C_n)$

因此,我们利用上述"语义问题"中提到的统计语言模型计算出每种分词后句子出现的概率,并找出其中概率最大的,就能够找到最好的分词方法。一般情况下,中文分词方法分为以下 3 类:①基于字串匹配的分词算法;②基于规则的分词算法;③基于统计的分词算法。这 3 种分词方法各有利弊,其中以基于字串匹配的分词算法历史最悠久,最成熟。这 3 种分词方法的各种特征比较如下。

(1) 词典依赖性。基于字串匹配的分词算法:基本思路即与词典进行比较,故词典是必需的,且词典越大,不能识别的词越少,分词正确率则越高;理论上讲,只要词库足够大,并且保持不断更新,就可以保持较高的识词率,但是无法解决歧义问题。基于规则的分词算法:理解字符串的含义,故不需要电子词典。基于统计的分词算法:仅仅根据统计得到最终的结果,故也不需要电子词典。

(2) 语料库依赖性。基于字串匹配的分词算法:分词过程仅需词库,不依赖于语料库。基于规则的分词算法:理解字符串的含义,不依赖于语料库。基于统计分词算法:需要语料库进行统计训练,故语料库是必需的,且好的语料库是分词准确性的保证。

(3) 规则库依赖性。基于字串匹配的分词算法:分词过程仅需词库,不依赖于规则库。基于规则分词算法:规则是计算机进行理解的基础,故准确、完备的规则库是这种分词算法的前提。基于统计分词算法:不依赖于规则库。

(4) 歧义识别。在某些情况下,有的字串有多种分词方法,此时,这些分词方法中,仅有一种才能表达出正确的意义,其他的分词法则表达的是错误的意义,这种现象即称为歧义,也称为歧义识别。如:"武汉大学城新华书店",正确的分词应该是:武汉/大学城/新华/书店,但是一个具有歧义现象

的分词方式可能为：武汉大学/城/新华/书店。基于字串匹配的分词算法：仅仅是跟一个词库进行匹配，故不能进行歧义识别。基于规则分词算法：指通过理解字符串的含义，故有很强的歧义识别能力。基于统计分词算法：根据字符连续出现次数的多少，得到分词系列，故常常能够给出正确的分词系列选择，但是也有可能判断错误的情况。

（5）新词识别。新词，又称未登录词。新词识别指正确识别词典中没有出现的词语，如姓名、机构名、地址、称谓等。任何一个词典，都不可能完全跟上多变的社会表达方式，特别是网络新兴流行语，词典中常常不能完全收录这些词语，如"被自愿""被自杀""被就业"等新兴词语，在当前网络上都被作为一个词，如果按照传统词语来看，将是两个词，大量的研究证明新词识别是中文分词准确性的一个重要影响因素。

基于字串匹配的分词算法：一般无法正确识别未登录词，除非不时地监控跟进网络的变化，实时更新词库。基于规则分词算法：理解字符串的含义，从而有很强的新词识别能力。基于统计分词算法：这种算法对第二种未登录词有很强的识别能力，因为出现次数多，才会当作一个新词。对于第二种未登录词，这类词语有一定的规律，如姓名为"姓"＋名字，如张建国；机构为前缀＋称谓，如"希望集团"。故需要结合一定的规则进行识别，仅仅统计方法难以正确识别。

（6）分词准确性。到目前为止还没有完全准确的结论，从理论上而言，基于规则的分词算法有最高的分词准确性，理论上有100%的准确性；而基于匹配的分词算法和基于统计的分词算法是一种"浅理解"的分词方法，不涉及真正含义的理解，故可能会出现错误，难以达到100%的准确性。

（7）分词速度。基于字串匹配的分词算法：算法简单，操作容易，故分词速度快，所以这种算法常常作为另外两种算法的预处理，进行字符串的粗分。基于规则分词算法：这种算法常常需要操作一个巨大的规则库，故速度最慢。基于统计分词算法：这种分词算法仅仅是与一个统计结果进行比较，故速度一般。故一般的分词速度从快到慢依次为：基于字串匹配的分词算法＞基于统计的分词算法＞基于规则的分词算法。

（8）实施复杂性。同上面的道理，实施复杂性排序如下：基于规则的分词算法＞基于统计的分词算法＞基于字串匹配的分词算法。

（9）技术成熟度。基于字串匹配的分词算法：是最早出现也是最成熟的算法。基于规则的分词算法：是最不成熟的一类算法，到目前为止还没有成熟的算法。基于统计分词算法：已经有多种成熟的这类算法，基本上能够满足实际应用。故技术成熟度：基于字串匹配的分词算法＞基于规则的分词算法＞基于统计的分词算法。

（10）算法复杂性。基于字串匹配的分词算法：仅仅进行字符串的比较操作，算法简单。基于规则分词算法：需要充分处理各种规则，故算法非常复杂，事实上到目前为止，此类算法还没有出现十分成熟的。基于统计分词算法：需要语料库进行训练，虽然算法比较复杂，但是已经比较常见，故这种分词的复杂性比第一种大，比第二种容易。现在的实用分词系统基本采用这种算法。

对3种分词方法的各种特征比较归纳如表2-1所示。

表2-1　3种分词方法的比较

分词方法特征	基于字串匹配的分词	基于规则的分词	基于统计的分词
词典依赖性	是	否	否
语料库依赖性	否	否	是
规则库依赖性	否	是	否
歧义识别	差	好	好
新词识别	差	好	好
分词准确性	中	优	良
分词速度	快	慢	中
实施复杂性	易	难	中
技术成熟度	优	中	差
算法复杂性	易	难	中

2.1.2　文档相关性及分类问题研究

在舆情的相关研究中，需要判断两篇或者两篇以上的舆情是否相同、相似，或者判断其相似程度，即文档相关性的度量问题。合理的相关性度量，对于舆情的自动分类问题至关重要。一般情况下，我们认为，一篇文档中某个词语出现的次数越多，就表明该词语与该文档相关性越高，但是针对不同的应用，相同的词语所起的作用一般不会相同，即使在同一个应用中，不同的词语所起的作用也往往不同。如"关于杭州飙车案的通告"这个短句中，很容易就知道"飙车案"才是最核心的词汇，其他的词语则否。所以，在不同的应用中，不同的词语所具有的权重是不相等的，这也就决定了需要有一个合理的带权重指标的词库，一些虚词往往权重很低或为0，如"的""地"等。

通常情况下，用于度量文档相关性的最典型的方法是矢量化方法，即利用基于矢量的余弦定理。在应用余弦定理之前，需要解决字符串矢量化的问题，字符串矢量化涉及的方法很多，各种方法千差万别。任何字符串，都会具有一定的特性，这种特性要么是显性的，要么是隐性的。对于这些特性，可以从中选取所有或者部分主要的特性，用来表达一个字符串的特性，如果选取部分主要特性时，以不损失太多的信息或不导致结果完全相反为前提。这些全部或者部分的特性，站在矢量的角度来看，即是一个"维"。这样，任何一个字符串，即任何一篇舆情文档，都可以视为一个多维矢量，即完成字符串的矢量化表达，两个字符串的相关性，即转化为两个矢量夹角的问题，亦即成为我们所熟知的问题——余弦定理。

$$\cos A = \frac{\boldsymbol{B} \cdot \boldsymbol{C}}{|\boldsymbol{B}||\boldsymbol{C}|} \qquad (2-1)$$

式(2-1)中 $\boldsymbol{B}$、$\boldsymbol{C}$ 为两个矢量，A 为 $\boldsymbol{B}$、$\boldsymbol{C}$ 之间的夹角，分子部分是求两矢量的内积，分母部分为两者模之积。容易看出，当上述值为1时，表明两个矢量完全重合，即两个字符串完全相同，即两个舆情文档相同，此时我们可以认定其中一篇文档属于转载。通过此指标，我们可以判断一个舆情的转载情况。此外，利用此方法，也可以很容易判别学术论文抄袭等情况。当上述值与1非常接近时，表明两个字符串相似度很高，即两篇舆情文档相关性高，利用这个特性，可以实现相同或者类似舆情的自动分类或者聚类。当上述值越接近0时，则表明两个字符串相关性不高。此种方法一次只能比较两个字符串，当需要比较的字符串较多时，两两进行计算比较要耗费大量的时间。另外一个常见的方法是矩阵化方法。其核心思想是利用矩阵运算中的**奇异值分解**(singular value decomposition)。20 世纪 90 年代由 S. T. Dumains 等人开始把该理论应用于智能检索领域。首先，我们可以用一个矩阵 $\boldsymbol{A}$ 来描述我们所有要进行相关性求解的字符串，矩阵 $\boldsymbol{A}$ 中，每一行对应一个字符串（即一篇舆情文章），每一列对应一个词。

$$\boldsymbol{A} = \begin{bmatrix} a_{11} & \cdots & a_{1n} \\ \vdots & & \vdots \\ a_{m1} & \cdots & a_{mn} \end{bmatrix} \qquad (2-2)$$

式(2-2)的矩阵中，第 i 行、第 j 列的元素 a_{ij}，是字典中第 j 个词在第 i 篇文章中出现的加权词频。在实际应用中，m 和 n 比较大，所以矩阵 $\boldsymbol{A}$ 中元素个数往往很大。奇异值分解就是把上面这样一个大矩阵，分解成3个矩阵相乘，如图 2-1 所示。

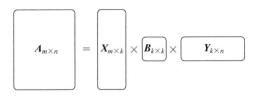

图 2-1 矩阵分解

经过这样的处理之后,所要处理的元素数目大大减少。例如取 $m=n$,$k=m/100$,则此时处理后和处理前的元素总数比值约为 1/50,这种情况下,相应的存储量和计算量都会大幅度减小。3 个矩阵有非常清楚的物理含义。第一个矩阵 X 中的每一行表示意义相关的一类词,其中的每个非零元素表示这类词中每个词的相关性,数值越大相关度越高。最后一个矩阵 Y 中的每一列表示同一主题的一类文档,其中每个元素表示这类文档中每篇文档的相关性。因此,只要对关联矩阵 A 进行一次奇异值分解,就可以同时完成近义词分类和文章的分类,得到每类文章和每类词的相关性。

2.1.3 语义分析问题研究

一直以来,人类梦想着实现机器对信息的理解,让机器模拟人类进行学习语法、句法,理解语义。舆情的情感倾向判别问题最终可以归结为语义识别问题[16-17]。统计语言模型是用来处理自然语言最好的手段之一。

统计模型在自然语言处理中的应用原理如下:若 S(sentence)表示一个句子,它由一连串特定顺序排列的词(word)组成,按组成顺序依次记为 w_i,$(i=1,2,\cdots,n)$。那么,w_i 按照哪种顺序才能组成有意义的句子呢?即机器如何能够判断该句子是否是一个合法的、具有一定意义的句子。从统计的角度看,也就转化为 S 在正常文本中的概率,根据 S 的组成,也就转化为条件概率问题。利用条件概率的公式,S 这个序列出现的概率等于每一个词出现的概率相乘,于是 $P(S)$ 可展开为:

$$P(S) = P(w_1)P(w_2 \mid w_1)P(w_3 \mid w_1w_2)\cdots P(w_n \mid w_1w_2\cdots w_{n-1})$$

(2-3)

其中 $P(w_1)$ 表示第一个词 w_1 出现的概率;$P(w_2 \mid w_1)$ 是在已知第一个词的前提下,第二个词出现的概率……到了词 w_n,它的出现概率取决于它前面的所有词。该式计算繁杂,故为了简化,引入马尔可夫假设,即假定任意一个词 w_i 的出现概率只同它前面的词 w_{i-1} 有关,于是问题得到简化。在该假设下,S 出现的概率就变为:

$$P(S) = P(w_1)P(w_2 \mid w_1)P(w_3 \mid w_1w_2)\cdots P(w_i \mid w_{i-1}) \quad (2-4)$$

这样,问题就简化为求解 $P(w_i|w_{i-1})$。要求解这样的问题,需要耗费大量的人力、物力,来建立一些典型的语料库。有了全面标准的语料库,该问题变得很简单,只需统计 (w_{i-1}, w_i) 词对出现的次数,以及 w_{i-1} 本身在同样的文本中出现的次数,则 $P(w_i|w_{i-1}) = P(w_{i-1}, w_i)/P(w_{i-1})$。

2.2 舆情热点发现与追踪系统设计

2.2.1 网络爬虫相关问题

1. 爬虫技术的内容提取问题

网络爬虫第一阶段处理的对象是网页,而真正能够有利于向最终用户展示以及便于处理的对象则是文本。对于网络爬虫来说,抓取下来的网页包括各种格式,包括 html、jpg、gif、bmp、png、doc、pdf、zip、rar、多媒体,等等。这些文件抓取下来后,需要把这些文件中的文本信息提取出来,或者从相应的网页中提取相应文件的文字说明(主要是图像、多媒体等二进制文件)。准确提取这些文档的信息,对后续的处理以及向最终用户呈现良好的结果都起到至关重要的作用。对于 doc、pdf 等文档,这种由专业厂商提供的软件生成的文档,一般使用相关厂商提供相应的文本提取接口,爬虫只需要调用这些插件的接口,就可以轻松地提取文档中的文本信息和文件其他相关的信息。HTML 文件遵从 HTML 标记规则,通过不同的标识符来表示不同的字体、颜色、位置等版式。在提取文本的过程中,需要过滤所有的 HTML 标识符,这些标识符都有一定的规则,只要按照不同的标识符取得相应的信息即可。但在识别这些信息的时候,需要同步记录许多版式信息,例如,文字的字体大小、是否是标题、是否是加粗显示、是否是页面的关键词等,这些信息有助于计算单词在网页中的重要程度。同时,对于 HTML 网页来说,除了标题和正文以外,会有许多广告链接以及公共的频道链接,这些链接和文本正文没有任何关系,在提取网页内容的时候,需要过滤这些无用的链接。例如,某个网站有"体育"频道,因为导航条在网站内每个网页都有,若不过滤导航条链接,在搜索"产品介绍"的时候,则网站内每个网页都会搜索到,无疑会带来大量的垃圾信息。过滤这些无效链接需要统计大量的网页结构规律,抽取一些共性,统一过滤;对于一些重要而结果特殊的网站,还需要个别处理。这需要在网络爬虫设计时具有一定的扩展性。

对于多媒体、图像等文件,一般通过链接的锚文本即链接文本,和相关的文件注释来判断这些文件的内容。例如,有一个链接文字为"爬虫原理流程图",其链接指向一张 jpg 格式的图片,那么网络爬虫就知道这张图片的内容是"爬虫原理流程图"。这样,在搜索"爬虫原理"和"流程图"的时候都能让搜索引擎找到这张图片。另外,大部分多媒体文件中有文件属性,考虑这些属性也可以更好地了解文件内容。

2. 网络爬虫设计时所面临的难题:动态网页问题

由于动态网页可以快速统一更改网页风格,减少网页所占服务器的空间,但却给网络爬虫的抓取带来一些麻烦。随着开发语言不断的增多,动态网页的类型也越来越多,如 asp、jsp、php 等。这些类型的网页对于网络爬虫来说,可能还稍微容易一些,比较难处理的是一些脚本语言(如 VBScript 和 JavaScript)生成的网页,如果要完善处理好这些网页,必须要有自己的脚本解释程序。许多数据是放在数据库的网站,需要通过本网站的数据库搜索才能获得信息,这些给网络爬虫的抓取带来很大的困难。对于这类网站,如果网站设计者希望这些数据能被搜索引擎搜索,则需要提供一种可以遍历整个数据库内容的方法。对于网页内容的提取,一直是网络爬虫中的重要技术。整个系统一般采用插件的形式,通过一个插件管理服务程序,遇到不同格式的网页采用不同的插件处理。这种方式的好处在于扩展性好,以后每发现一种新的类型,就可以把其处理方式做成一个插件补充到插件管理服务程序之中。

3. 信息指纹在网络爬虫中的应用问题

在网络爬虫的诸多处理环节中都需要对较长的字符串进行处理。如对 URL 的重复性校验问题,主要是为了不必要的重复下载,造成不必要的网络流量浪费问题。但是,URL 本身的存储会浪费大量的空间。通常,URL 的长度都在几十至几百字符,随着 URL 的增多,其存储空间不可小觑。一个解决办法就是采用信息指纹的方法,即采用一个较短的、并且具有唯一对应关系的字符串来代替一个长的字符串,这个较短的并且与长字符串具有唯一对应关系的字符串即称为长字符串的信息指纹。只要算法设计得当,任何两段信息的指纹都很难重复,就如同人类的指纹一样,这样在哈希表中不用再以字符串的形式直接存储网址,而只需存储相应的信息指纹即可,大大缩减存储容量。产生信息指纹的关键算法是伪随机数产生器算法(PRNG)。该方法将一个数的平方掐头去尾,取中间的几位数。例如,一个四位的二进制数 1001(相当于十进制数 9),其平方为二进制数 01010001(十进制数 81)掐头去尾剩下中间的四位 0100。当然这种方法产生的数字并不完全随机,也就是说两个不同信息很有可能有同一指纹。现在应用较多的算法有 MD5 或者 SHA1 等标准,它们可以将不定长的信息变成定长的 128 二进位或者 160 二进位随机数。

2.2.2 易中网络爬虫技术设计

网络爬虫,又称为网络机器人或 Spider 程序,它是一种专业化的机器人程序,用于查找大量的 Web 页面。狭义的 Spider 软件根据 HTTP 利用超文本链接和检索超文本项目档周游互联网信息空间。而广义的 Spider 软件利用标准的 HTTP 自动检索 Web 文档的软件程序。它从一个或者几个简单的 Web 页面开始执行,然后通过其超链接访问其他页面,如此反复,理论上网络爬虫可以扫描互联网上所有的页面。传统的通用搜索引擎爬虫如 Google、Baidu 等,在进行舆情热点的自动识别与智能追踪过程中存在着一定的局限性,如:

(1) 不同领域、不同背景的用户往往具有不同的检索目的和需求,通用搜索引擎所返回的结果包含大量用户不关心的网页。

(2) 通用搜索引擎的目标是尽可能大的网络覆盖率,有限的搜索引擎服务器资源与无限的网络数据资源之间的矛盾将进一步加深。

(3) 互联网数据形式的丰富和网络技术的不断发展,丰富的文件格式不断涌现,通用搜索引擎往往对这些信息含量密集且具有一定结构的数据无能为力,不能很好地发现和获取。

(4) 通用搜索引擎一般提供基于关键字的检索,难以支持根据语义信息进行查询。

为了解决上述问题,本研究开发专门的定向抓取相关网页资源的易中网络聚焦爬虫,该爬虫根据既定的抓取目标,有选择地访问互联网上的网页与相关的链接,获取所需要的信息。与通用爬虫不同,聚焦爬虫并不追求大面积的覆盖,而将目标定为抓取与某一特定主题内容相关的网页,为面向主题的用户查询准备数据资源。

1. 网络爬虫工作技术

网络爬虫包含网页下载、文本分析、索引生成存储、信息检索等环节,是一个全自动化的提取处理网页的程序,是搜索引擎的重要组成部分。由于传统爬虫一般从若干初始 URL 开始,获得初始网页上的 URL,在抓取网页的过程中,不断从当前页面上抽取新的 URL 放入队列,直到满足系统的一定条件时停止。本研究开发的网络聚焦爬虫的工作流程较为复杂,首先需要根据一定的网页分析算法过滤与主题无关的链接,保留有用的链接并将其放入等待抓取的 URL 队列;然后,它将根据一定的搜索策略从队列中选择下一步要抓取的网页 URL,并重复上述过程,直至达到系统的某一条件时停止。另外,所有被爬虫抓取的网页将会被系统存储,进行一定的分析、过滤,并建立索引,以便以后的查询和检索;这一过程所得到的分析结果还可能对以后的抓取过程给出反馈和指导。

相对于通用网络爬虫,易中网络爬虫还需要解决 4 个主要问题:
(1)对抓取目标的描述或定义;
(2)对网页或数据的分析与过滤;
(3)对 URL 的搜索策略;
(4)指标化存储与检索。

抓取目标的描述和定义是决定网页分析算法与 URL 搜索策略如何制定的基础,而网页分析算法和候选 URL 排序算法是决定搜索引擎所提供的服务形式和爬虫网页抓取行为的关键所在,这两个部分的算法又是紧密相关的。

2. 抓取目标

网络爬虫对抓取目标的描述分为基于目标网页特征、基于目标数据模式和基于领域概念 3 种。基于目标网页特征的爬虫所抓取、存储并索引的对象一般为网站或网页。根据种子样本获取方式可分为:预先给定的初始抓取种子样本、给定用户感兴趣的关键词、预先给定的网页分类目录和与分类目录对应的种子样本(如 Yahoo! 分类结构)、通过用户行为确定的抓取目标样例等 4 种,其中,网页特征可以是网页的内容特征,也可以是网页的链接结构特征等。基于目标数据模式的爬虫针对网页上的数据,所抓取的数据符合一定的模式,或者是可以转化或映射为目标数据模式。另一种描述方式是建立目标领域的本体或词典,用于从语义角度分析不同特征在某一主题中的重要程度。

3. 网页信息的抓取

网页信息的抓取策略可以分为深度优先策略(Depth-First Traversal)、广度优先策略(Breadth-First Traversal)、最佳优先策略和 IP 段扫描搜索策略 4 种。深度优先策略优先向纵向扩展,即在当前页面的所有链接中挑取一个进行处理,然后在这个挑取页面的超链接中再挑取一个进行处理……一直这样进行下去。深度优先策略类似家族继承策略,在很多情况下会导致爬虫的陷入问题。

目前常见的抓取策略是广度优先策略和最佳优先策略。广度优先策略是在抓取过程中,在完成当前层次的搜索后,才进行下一层次的搜索。该算法的设计和实现相对简单,即优先处理那些链接于当前页面的所有超链接,直到所有这些超链接处理完毕,才往纵向扩展,此即优先横向扩展。在目前为覆盖尽可能多的网页,一般使用广度优先搜索方法的主要原因有以下两点:①首页重要的网页往往离种子比较近,例如,我们打开新闻站的时候往往是最热门的新闻,随着爬行深度的不断增加,所涉及的网页重要性一般越来越低。②一般情况下,万维网的实际深度最多能达到 17 层,到达某个网页的路径虽然很多,但是总存在一条最短的路径。另一种方法是将广度优先搜索与网页过滤技术结合使用,先用广度优先策略抓取网页,再将其中无关的网页过滤掉。这些方法的缺点在于,随着抓取网页的增多,大量的无关网页将被下载并过滤,算法的效率将变低。

最佳优先搜索策略:按照一定的网页分析算法,预测候选 URL 与目标网页的相似度或与主题的相关性,并选取评价最好的一个或几个 URL 进行抓取。由于该方法只访问经过网页分析算法预测为"有用"的网页,故在爬虫抓取路径上的很多相关网页有可能被忽略,因为最佳优先策略是一种局部最优搜索算法,因此需要将最佳优先结合具体的应用进行改进,以跳出局部最优点。研究表明,这样的闭环调整可以将无关网页数量降低 30%~90%。

4. 网页内容的分析算法

网页分析算法可以归纳为基于网络拓扑、基于网页内容和基于用户访问行为3种类型。基于网页之间的链接,通过已知的网页或数据,来对与其有直接或间接链接关系的对象(可以是网页或网站等)做出评价的算法,又分为网页粒度、网站粒度和网页块粒度这3种。PageRank 和 HITS 算法是最常见的链接分析算法,两者都是通过对网页间链接度的递归和规范化计算,得到每个网页的重要度评价。网站粒度的资源发现和管理策略也比网页粒度的更简单有效。网页粒度的爬虫抓取的关键之处在于站点的划分和站点等级(SiteRank)的计算。SiteRank 的计算方法与 PageRank 类似[18],但是需要对网站之间的链接作一定程度抽象,并在一定的模型下计算链接的权重。网页块粒度的分析算法通过 VIPS 网页分割算法将网页分为不同的网页块(page block),然后对这些网页块建立 page to block 和 block to page 的链接矩阵,通过实验证明,效率和准确率都比传统的对应算法要好。利用网页内容(文本、数据等资源)特征进行网页评价。网页的内容从原来的以超文本为主,发展到后来动态页面数据为主,后者的数据量为直接可见页面数据的 400~500 倍。基于网页内容的分析算法从原来的较为单纯的文本检索方法,发展为涵盖网页数据抽取、机器学习、数据挖掘、语义理解等多种方法的综合应用。根据网页数据形式的不同,基于网页内容的分析算法可归纳为以下3类:针对以文本和超链接为主的无结构或结构很简单的网页;针对从结构化的数据源(如 RDBMS)动态生成的页面,其数据不能直接批量访问;针对的数据介于第一和第二类数据之间,具有较好的结构,显示遵循一定模式或风格,且可以直接访问。

5. 网页索引的建立

索引器是用来建立索引的软件和程序段。常用的索引模型有:倒排文档、矢量空间模型、概率模型等,一般索引表以采用倒排索引居多。图 2-2 是本研究所设计的易中[TM]网络爬虫工作原理流程图。

2.2.3 系统概述与应用框架

本系统为网络舆情的采集和分析系统,用于从海量的互联网非结构化数据(微博、新闻门户、论坛、博客等)中分析抽取结构化数据,并对部分非结构化数据做其他深入分析,发现网络舆情热点,获取网络舆情相关特性和指标数据,并统计相关数据,从而获取网络舆情的发展脉络,并对其可能的演化情况做初步预测。

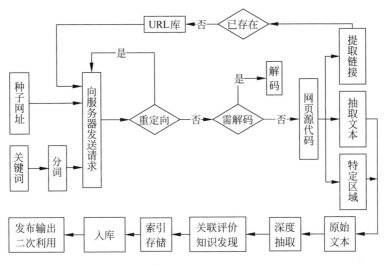

图 2-2 易中[TM]网络爬虫工作原理和流程

系统框架分为如下几个部分：
- 境内爬虫服务器
- 境外爬虫服务器——通过代理实现采集
- 管理平台
- 存储模块
- 索引模块
- 基础分析模块
- 深入挖掘模块
- 输出模块
- 预警模块
- Web 服务发布
- 决策辅助

各部分之间的逻辑关系具体如图 2-3 所示。

2.2.4 网络舆情热点的形成

智能化舆情系统应具备以下两大核心功能：舆情热点发现、舆情热点监测与追踪。为设计舆情热点发现程序，首先需要了解舆情热点的形成过程，以及舆情热点的特性。网络舆情热点形成的主要因素由传统媒体与互联

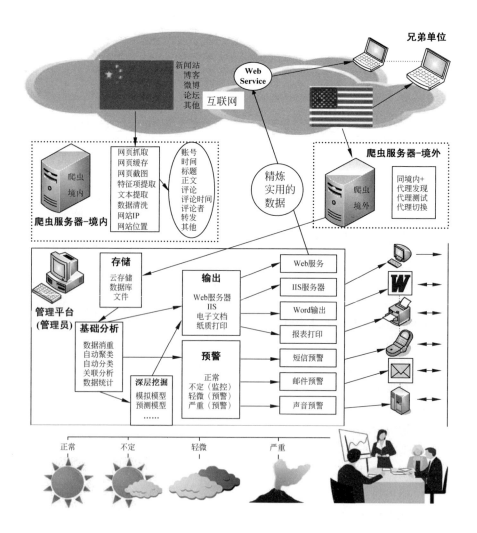

图 2-3 系统应用框架

网、意见领袖与普通网民、线上与线下、境内与境外、本地与异地等构成,舆情热点的形成过程如图 2-4 所示。

信源是舆情的产生之源,否则便不会产生舆情。信源的产生媒介可以是论坛、博客、微博、新闻门户、电视、报纸、杂志等。信源不同,其数据抽取即分析过程也将有所差别,但大都大同小异。为节省篇幅,后文若有解说的需要,主要以微博为例进行解说。

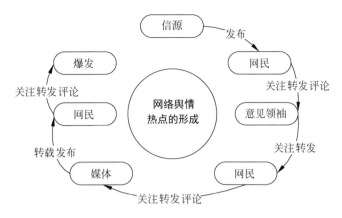

图 2-4 网络舆情热点的形成过程

网络舆情形成的突发模式在体现"刺激—反应"机制时更为明显,其刺激物就是突发事件,网络上民众的舆情就是反应物。

在社会矛盾的形成和积累之下,指向某种矛盾的舆情在暗暗地滋生和积累,经历由无到有、由弱到强、由隐匿到公开的过程,最终可能会以某一公共事务为导火索而在网络上爆发出来。

对热点分析而言,意见领袖或者核心节点并不是必需的,但是对舆情的监测和追踪而言,意见领袖或者核心节点将会大大增加系统的效率,同时也可以适当提高系统热点识别的准确率。

1. 热点发现

网络舆情往往是突发的,无法预测的。然而网络舆情热点却是有可能预测的,并且是可以自动发现的。网络舆情自动发现的原理流程如图 2-5 所示。

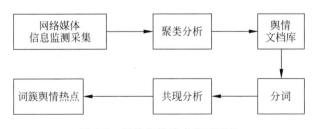

图 2-5 网络舆情热点发现原理

对图 2-5 解释如下：互联网是世界上最为庞大的数据库，并且这个庞然大物还是不停动态变化的。若要分析并发现网络舆情热点，只需要采集尽可能多的互联网数据，并且若系统处理能力受限的话，则应尽可能多地从权威媒体获取数据。当采集了足够量的数据后，首先对数据执行清洗操作，然后对清洗后的数据进行结构化抽取和特征项抽取。结构化的数据主要用于统计分析，而特征项数据则主要用于挖掘分析。热点分析涉及的技术和内容较多，这里仅解释其中的聚类分析过程。对采集的 Web 页面，执行 HTML 去除操作和页面重心识别操作之后，可以构建语料库。对近期（可以设置）语料进行聚类可以得到若干类别，其中的典型大类一般很可能就是热点舆情。这可以通过多种方法验证，然而即使验证通过，这样的热点也不适宜呈现。故可以通过对已验证过的热点类别执行分词操作，并通过共现分析获取舆情热点的习惯化（关键词序列）表达。

2．热点追踪

舆情热点监测与追踪分为两类：自动化追踪和手工追踪。手工追踪建立在纯手工基础之上，故设置更优、准确率高。而自动化追踪则建立在热点自动发现的基础之上，故其效果极大地依赖于热点发现的准确率。

与热点发现的流程不同的是：舆情的监测追踪基本没有太大的必要执行聚类操作。不过存储和索引操作仍然需要执行，分词操作则属可选操作，可根据系统配置情况选择。

当追踪达到指定的结束条件时，可以根据分析结果统计部分结果，或者生成部分临时结果，以供后续离线和在线分析。

网络舆情的热点自动发现和智能追踪系统涉及的理论和技术非常庞杂，下面列举部分主要的技术知识。网络舆情系统技术架构如图 2-6 所示，逻辑由下至上。

其中下三层主要对应爬虫功能；挖掘层对应挖掘模块；表现层主要对应应用系统；辅助决策层则对应着预测和模拟模型。

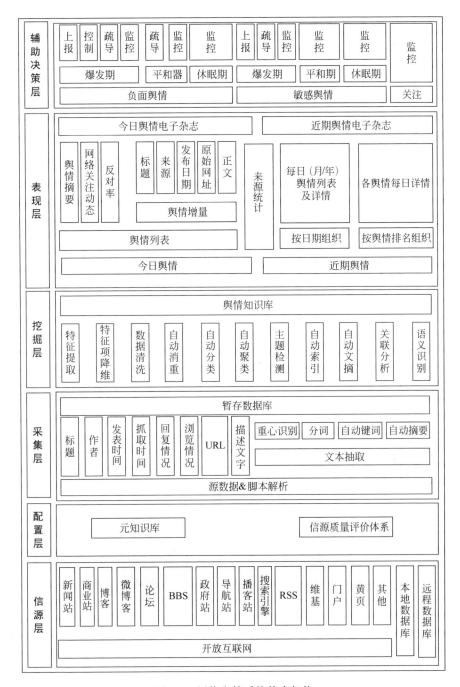

图 2-6 网络舆情系统技术架构

2.3 网络舆情演化模型

网络舆情相关演化模型较多,基于复杂网络的舆情演化模型研究已成为研究热点,目前被广为研究的模型多建立于元胞自动机、复杂网络(小世界网络、无标度网络)之上。下面简要介绍这三类舆情演化模型并分别作简要评析。

1. 元胞自动机

元胞自动机(CA)创始人是著名计算机科学家(John von Neumann),此后数学家 Conway、物理学家 Wolfram 都为该模型的完善和推广做出了巨大贡献。它是一种可根据系统特点在计算机上模拟的模型。它为动力学系统理论中有关秩序、紊动、混沌、非对称、分形等系统整体行为与复杂现象的研究提供了一个有效的模型工具。

元胞自动机由四个元素组成。**元胞**(cell)是元胞自动机的最基本的组成部分。元胞拥有自己的状态,并把每一个元胞的所有可能状态的集合叫作元胞的状态集,其状态集一般是整数形式的离散集;**元胞空间**(lattice)一般体现为四方网格。理论上,元胞空间通常是在各维向上无限延展的,便于理论上的推理和研究。但在实际应用过程中,需要定义不同的边界条件;**邻居**(neighbor),如下图 2-7 所示,黑色元胞代表中心元胞,灰色元胞代表黑色中心元胞的邻居,此外还有扩展邻居。**规则**(rule),也叫演化规则,即状态转移函数。元胞空间中的元胞状态在离散的时间步骤中根据一定的规则同步更新。

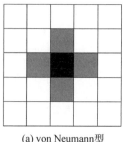
(a) von Neumann型

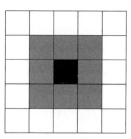
(b) Moore型

图 2-7 元胞自动机的邻居

基于上述元胞自动机，可以建立网络舆情演化模型。在二维的格子上，每个格子代表一个人，每个人都有三种状态，1 表示赞同，−1 表示反对，0 表示中立或不了解。在舆情演化的过程中，人与人之间会处于不停的交互之中。根据元胞当前状态及其邻居状态确定下一时刻该元胞状态的动力学函数，就是一个增值函数，通常可以写为

$$\mathrm{sum}(t) = \varphi t(i,j) + \varphi t(i-1,j) + \varphi t(i+1,j) + \\ \varphi t(i,j-1) + \varphi t(i,j+1) \tag{2-5}$$

式(2-5)中，i,j 为格子坐标，在一个仅受周围邻居影响的元胞中，一个社会群体对群体中个体施加的影响是周围邻居元胞直接作用力的增值函数。

在建模过程中，可以首先形成一个较大的具有一定概率的 0、−1 和 1 的随机矩阵，其中的数值代表元胞状态。选取 von Neumann 邻居作为模拟对象。如果用 $r(i,j)$ 来标记一个格子的位置，用 $\varphi_t(r)$ 表示该格子在 t 时刻的状态，即 −1、1 和 0 值，则演化规则可表示为

$$\varphi_{t+1}(r) = \begin{cases} 0 & \varphi_t(r) = 0 \\ 1 & \mathrm{sum}(t) > 0, \varphi_t(r) \neq 0 \\ -1 & \mathrm{sum}(t) < 0, \varphi_t(r) \neq 0 \\ \pm 1 & \mathrm{sum}(t) = 0, \varphi_t(r) \neq 0 \end{cases} \tag{2-6}$$

上面的规则中，对于 $\mathrm{sum}(t) > 0$ 和 $\mathrm{sum}(t) < 0$ 这两种情况，人员态度的改变规则相当于少数服从多数的规则。对 $\mathrm{sum}(t) = 0$，周围赞成和反对的意见相等，人员的态度有可能选择赞成也有可能选择反对。可以根据上述演变规则来计算不同时刻各个元胞的状态，从而模拟出整个网络的演化发展情况。

在该模型中，各个元胞并没有明确的权重之分，这与现实的世界明显不符，所以在很多情况下不能达到最佳模拟效果。

2. 复杂网络

自然界中存在着大量复杂的系统，都可以通过各种网络进行描述。关于复杂网络目前并无明确的统一定义，不过复杂网络一般都体现了结构复杂性、节点复杂性以及各种复杂性因素的影响。复杂网络已被广泛应用于社会、医药、生物等诸多网络。

复杂网络的典型特征度量如下。

度分布：度分布是网络最重要的一个统计特征之一。节点的度指的是与该节点连接的边数。在社会网络中，度可以表示个体的影响力和重要程

度,度越大的个体,其影响力就越大,作用也就越大。度分布则表示节点度的概率分布函数 $P(k)$,它指的是节点有 k 条边连接的概率。目前两种度分布较为常见:指数度分布和幂律分布(即 $P(k) \sim k^{-\gamma}$)(γ 称为度指数)。

簇系数:簇系数衡量的是网络的集团化程度。对社会网络而言,集团化形态是其重要特征,集团表示网络中的朋友圈或熟人圈,集团中的成员往往相互熟悉。

节点 i 的簇系数 $C_i = 2e_i/k_i(k_i-1)$(k_i 表示节点 i 的度,e_i 表示节点 i 的邻接点之间实际存在的边数),描述的是网络中与该节点直接相连的节点之间的连接关系,即与该节点直接相邻的节点间实际存在的边数目占最大可能存在的边数的比例。

网络的簇系数 $C = \dfrac{1}{N}\sum_{i=1}^{N} C_i$,其中 N 为网络的阶。在其他类型的网络中,也普遍存在聚集现象。

平均路径长度:指网络中所有节点对之间的平均最短距离。节点间的距离指的是从一节点到另一节点所要经历的边的最小数目,所有节点对之间的最大距离称为网络的直径。平均路径长度和直径衡量的是网络的传输性能与效率。平均路径长度(Average Path Length, APL)的计算公式为

$$\mathrm{APL} = \frac{1}{N(N-1)} \sum_{i \neq j \in V} d_{ij}$$

式中 d_{ij} 为节点 i 和 j 之间的最短距离。

度相关性(Degree Correlations):度相关性描述的是网络中不同节点之间的连接关系。如果度大的节点倾向于连接度大的节点,则称网络是正相关的;反之,如果度大的节点倾向于和度小的节点连接,则称网络是负相关的。Neumann 指出只需计算顶点度的 Pearson 相关系数 $r(-1 \leqslant r \leqslant 1)$ 就可以描述网络的度相关性,r 的定义为

$$r = \frac{M^{-1}\sum_i j_i k_i - \left[M^{-1}\sum_i \frac{1}{2}(j_i + k_i)\right]^2}{M^{-1}\sum_i \frac{1}{2}(j_i^2 + k_i^2) - \left[M^{-1}\sum_i \frac{1}{2}(j_i + k_i)\right]^2} \tag{2-7}$$

其中,j_i、k_i 分别表示连接第 i 条边的两个顶点 j、k 的度;M 表示网络的总边数。r 的取值范围为($-1 \leqslant r \leqslant 1$),当 $r > 0$ 时,网络是正相关的;当 $r < 0$ 时,网络是负相关的;当 $r = 0$ 时,网络是不相关的。

此外还有其他一些参数,通过这些参数可以很方便地衡量现实网络的特性。根据 Neumann 的观点,现实网络大致分为 4 种:社会网络、信息网

络、技术网络和生物网络。虽然它们各自具有不同的物理形式,彼此描述的系统各异,但却具有一些相同的特征:网络节点间的作用很复杂,而且高度不规则;节点之间在度、簇系数等网络特征度量方面表现出不对称性,不同节点差异很大;尽管这些网络大而复杂,节点间的平均距离却很小,呈现出小世界特性。大量的实验研究表明:现实世界中的许多网络具有下面3个共同特性:节点度服从度指数介于[2,3]的幂律分布;集聚程度高;节点间平均距离小。

根据节点度的分布情况,可以将复杂网络分为指数网络和无标度网络两大类。指数网络中的节点是同质的,其度大致相同,绝大部分节点的度都位于网络节点平均度附近,网络节点度分布随度数的增加呈指数衰减,使得网络中不存在度数特别大的节点,最经典的两种指数网络是 ER 随机图模型和 Watts-Strogatz(WS)小世界网络模型。随机图与小世界网络的主要区别是:前者的簇系数小,而后者的簇系数大。把具有较小平均路径长度和较大簇系数的网络统称为小世界网络。无标度网络中的节点是异质的,其节点度服从幂律分布。最著名的无标度网络模型是 BA 无标度网络模型。在无标度网络中,大部分节点只与少数几个其他节点连接,但网络中存在为数不多的度数特别大的节点,称为 Hub 节点,它对无尺度网络的特性起着主导和支配作用。

3. 小世界网络

实验研究表明,许多现实网络特别是社会网络都表现出集群现象,由此引发人们对小世界网络的研究。最早的小世界网络模型是 WS 模型,一种介于规则网络和随机网络之间的网络模型,该模型由一个具有 n 个节点的环开始,环上每一个节点与两侧各有 m 条边相连,然后对每条边以概率 p 随机进行重连(自我连接和重边除外),这些重连的边叫"长程连接",长程连接大大地减小了网络的平均路径长度,而对网络的簇系数影响较小。WS 模型的建立和生成是社会现实的一个映射,因为在社会系统中,大多数人直接和邻居、同事相识,但个别人也有远方甚至国外的朋友。

在 WS 模型提出不久,其改进模型 NW,由 Newman 和 Watts 提出,该模型通过在随机选择的节点对之间增加边作为长程连接,而原始格上的边保持不动,且该模型在形成过程中不会出现孤立的簇。为进一步研究小世界特性,在二维方格的基础上 Kleinberg 提出了 WS 网络的一般化模型,Kleinberg 模型的平均路径长度是可调的。虽然许多现实网络都表现出小世界特性，但它们的形成机制不尽相同。

基于小世界网络的网络舆情模型的建立，都是建立在相应的假设条件之上，并且针对小世界网络的构造算法做相应修改以构造网民关系的小世界网络。例如，一种典型的网民关系小世界网络构造方式如下：第一步，构造 $N\times N$ 的二维元胞空间；第二步，选择二维表中某元胞，以小概率 p 连接该元胞 Moore 邻居外的新元胞，且不允许自环和重边；第三步，重复第二步，直到遍历元胞空间中的所有元胞。各演化模型的假设也根据具体情况而有所不同，例如，各种相关模型往往都会假设遵从一个"从众"的原则，并依相应的假设确定元胞状态转换的原则，则依据此原则可以确定整个网络在各个时刻的状态，从而也就确定了网络舆情的演化情形。例如，下述就是一个基于小世界网络的网络舆情演化模型，如图 2-8 所示。

> A. 生成二维规则的、$N=L\times L$ 个单元格的四方格图；
> B. 根据初始数据随机为每个单元格赋值，作为初始状态；
> C. 根据 NW 模型，以重边概率 p，生成每个单元格的长程连接格点，作为 Moore 邻域以外的邻域格点；
> D. 对 (i,j) 位置的单元格，确定其作用域 I；
> E. 按照概率 p 计算该单元格是否改变状态，如改变，则计算 $P\{a(i,j,t+1)=1\}$，$P\{a(i,j,t+1)=-1\}$ 和 $P\{a(i,j,t+1)=0\}$；
> F. 重复 D 至 E 直至遍历所有单元格；
> G. 各单元格依照 E 同步更新状态；
> H. 重复 D 至 G 直到满足外部终止条件。

图 2-8　网络舆情演化模型

小世界网络虽然能较好地模拟网络舆情在网络上的演化，然而却忽略网络中的部分 Hub 节点，例如，通常所说的意见领袖即是典型的 Hub 节点。故 WS 模型的度分布与许多现实网络都不相符，用它们来描述这些现实网络，具有很大的局限性。

4. 无标度网络

1999 年，Barabási 和 Albert 通过追踪万维网的动态演化过程，发现了许多复杂网络具有大规模的高度自组织特性，即多数复杂网络的节点度服从幂律分布，并把具有幂律度分布的网络称为无标度网络。Barabási 认为，增长和择优连接是无标度网络形成的两种必不可少的机制。在 BA 模型生成的初始时刻，假定系统中已有少量节点，在以后的每一个时间间隔中，新增一个节点,并与网络中已经存在一定数目的不同节点进行连接。当在网络中选择节点与新增节点连接时,假设被选择的节点与新节点连接的概率和被选节点的度成正比,人们将这种连接称为择优连接。BA 网络最终演化成标度不变状态,即节点度服从度指数等于 3 的幂律分布。BA 模型的平均路径长度很小,簇系数也很小。BA 模型的具体构造如下。

增长:从一个小的网络开始(该网络有 n_0 个节点,E_0 条边),逐步加入新的节点,每次加入一个。

连接:假设原来的网络已经有 n 个节点($s_1, s_2, \cdots, s_n$)。在某次新加入一个节点 s_{n+1} 时,从这个新节点向原有的 n 个节点连出 $m < n_0$ 个连接。

优先连接:连接方式为优先考虑高度数的节点。对于某个原有节点 $s_i(1 \leq i \leq n)$,将其在原网络中的度数记作 d_i,那么新节点与之相连的概率 P_i 为:

$$P_i = \frac{d_i}{\sum_{j=1}^{n} d_j} \tag{2-8}$$

这样,在经过 t 次之后,得到的新网络有 $n_0 + t$ 个节点,一共有 $E_0 + mt$ 条边。

基于 BA 无标度网络的网络舆情演化模型的建立,首先将依据上述构造算法构造初始的无标度网络。在构建的网络上,为网络中各节点分配感知值 μ 和观点值 o,并使 μ 和 o 服从正态分布。由于互联网中用户彼此熟悉程度不同,每个用户对其邻居用户所表达的观点持不同的认可态度,故模型中利用 ω 来表示因观点相似程度引起的节点对之间的信任变化,这种变化也正是舆情观点发生演化的主要动力。

为了定义舆情的演化规则,可以定义如下状态变量:

$\omega_i(j,t) \in [0,1]$(其中 $\omega_i(j,t)$ 表示 t 时刻 i 节点对 j 节点的信任程度)

$s_i(j,t) = \frac{k_j}{\sum_{\langle i,j \rangle} k_j} \omega_i(j,t)$(其中 $s_i(j,t)$ 表示 t 时刻 i 节点对其邻居节点的信任函数);

$o_i(t) \in [0,1]$($o_i(t)$ 表示 i 节点在 t 时刻选择的观点值,0 表示完全反对,1 表示完全赞成;且服从正态分布);

$\mu_i \in [0,1]$(μ_i 表示 i 节点对舆情的感知情况,反映了个体本身的内在属性,如喜好、职业等);

$a_i(j,t) \in [0,1]$($a_i(j,t)$ 表示 t 时刻 i 节点对舆情的感知值与 j 节点表

达的观点值之间的相似程度);

ε∈[0,1](ε 为信任阈值)。

上述各状态变量中,$s_i(j,t)$ 与 j 节点的度占 i 节点邻居节点度之和的比重有关,j 节点度所占比重越大,i 节点对 j 的信任程度越高;μ_i 反映的是内在属性不同的个体对不同的舆情具有不同的感知度;$a_i(j,t)$ 是更新节点之间信任值与节点观点值的前提条件;信任阈值 ε 表明的是只有当节点对的属性在该变量控制范围内时才发生观点交互。

在网络舆情演化的过程中,上述各个状态量的迭代规则如下:

$$a_i(j,t) = 1 - \frac{|o_i(t) - \mu_i|}{\max|o - \mu_i|} \left(\text{其中} \max|o - \mu_i| = \begin{cases} 1 - \mu_i (0 \leqslant \mu_i < 0.5) \\ (0.5 \leqslant \mu_i \leqslant 1) \end{cases} \right) \tag{2-9}$$

$$s_i(j,t+1) = \frac{s_i(j,t) + s_i(j,t) \times a_i(j,t)}{\sum_{j=1}^{n}(s_i(j,t) + s_i(j,t) \times a_i(j,t))} \tag{2-10}$$

$$o_i(t+1) = \frac{\sum_{j=k}^{n} s_i(j,t) \times o_i(t)}{n} \tag{2-11}$$

其中 n 为 i 节点拥有的邻居节点的个数。$\langle i,j \rangle$ 节点之间发生交互当且仅当 $s_i(j,t) \times a_i(j,t) \geqslant ε$ 时,即节点 $\langle i,j \rangle$ 间有足够的信任且节点间对舆情的认知度相似时,i 节点的观点值进行更新。

该模型考虑了个体的社交能力、个体对邻居个体的信任程度以及个体已有观点三个因素对舆情观点演化的影响,相对前面的模型有了较大的改善。

2.4 网络舆情涨落关联分析

网络舆情的涨落关联分析主要是分析挖掘各并行演化(或近并行演化)的舆情之间的内在关联。目前并无自动化的定量研究见诸文献资料,当前的研究主要集中于社科领域,且大都是事后人工的研判与分析,带有明显的滞后性,实用价值不高。

共现是指相同或不同类型特征项共同出现的现象。而共现分析是将各种信息载体中的共现信息定量化的分析方法,以揭示信息的内容关联耦合和特征项所隐含的寓意。其方法论基础是心理学的邻近联系法则和知识结构及映射原则,一般被用于文献计量学领域。共现分析常涉及聚类法、关联法、突发词监测法、词频法等统计方法,这些方法都是比较成熟而且常见的方法,限于篇幅不再赘述。

对网络舆情的正文内容作共现分析,是一种可供尝试的分析途径。不过在分析的过程中,需要注意如下几个问题。

(1) 高频阈值的确定:在进行共现矩阵和聚类分析等操作之前,需要一定的词频阈值作为限定参数。然而样本量足够大时,若阈值设定不合适,则可能导致聚类结果太过庞杂而增加后续分析的麻烦或者聚类结果太少,结果宽泛而无任何参考价值。

(2) 聚合方法的选择:当完成舆情文档的聚类后,将获得若干个类。在很多情况下,需要对这些类再次进行聚合,这就涉及聚合时应该选用何种方法。聚合常用的方法有:最大距离法、最小距离法、平均距离法等。通常,选用什么方法将根据主题范围的大小来确定。如在细小专深要求的前提下,一般采用最大距离法,把这些主题的类别尽量拉大距离以划清界限;而对于大而分散的主题,则一般采用最小距离法让各个类别之间尽量聚集到一起。

(3) 聚类结果的解读:聚类结果的解读往往由人工进行,所以具有一定的主观性。特别受分析人员的专业水平和抽象综合能力影响。

(4) 分析样本的数目:分析样本大小。若样本过大则影响分析速度,结果将有一定的滞后性;而若样本过小,则可能会出现结果偏差甚至错误的问题。

此外,对于新闻类、博客类舆情文档,除了要考虑上述共现分析外,还需要考虑对舆情文档的评论或者延伸扩展内容作进一步的分析。

舆情数据文本信息处理篇

第3章 基于R-Grams的文本聚类方法

　　文本聚类是文本数据挖掘中的一个重要研究方向,网络热点发现是基于文本聚类的典型应用,且对聚类的要求较为特殊,即对准确率的要求较高,对召回率的要求次之。传统的文本聚类方法普遍同时追求准确率和召回率,计算资源耗费较多。针对传统文本聚类中存在着聚类准确率和召回率难以平衡等问题,本章提出一种基于R-Grams文本相似度计算方法的文本聚类方法,该方法首先将待聚类文档降序排列,其次采用R-Grams文本相似度算法计算文本之间的相似度,根据相似度实现各聚类标志文档的确定并完成初始聚类,最后通过对初始聚类结果并基于此对其进行聚类合并形成最终聚类。实验结果表明:基于R-Grams的文本聚类方法有效提高了聚类速度,聚类结果可以通过聚类阈值灵活调整以适应不同的需求,最佳聚类阈值为15。随着聚类阈值的增大,各聚类准确率增大,召回率呈现先增后降的趋势。该聚类方法避免了大量的分词、特征提取等烦琐处理,实现简单,在文本处理领域具有良好的应用前景。

3.1 引言

　　在文本挖掘领域,文本聚类是一类常见而又重要的数据挖掘手段,同时也是很多其他挖掘操作的前置工作。随着互联网的高速发展,文本聚类在Web数据处理中应用尤其广泛,例如,搜索引擎、用户兴趣模式挖掘、网络舆情等。其中,网络舆情热点发现,网络舆情演化传播等研究都离不开对聚类的依赖。

　　文本聚类方法众多,暂无统一的划分方法,而且很多聚类方法并非完全独立。传统的文本聚类方法,可以分为平面划分聚类(典型的划分聚类方法如 k-means[19])、层次聚类(典型的如 BIRCH[20])、基于密度的聚类[21-23]、基于模型的聚类(如基于神经网络[24]、蚁群算法[25]、遗传算法[26]等)、基于语义的聚类[27-29]、基于本体的聚类[30]、模糊聚类[31-32])、谱聚类[33]、后缀树聚类[34]等。同时也有不少针对这些方法的改进或者多方法融合及分阶段应用的聚类方法[35-37]。在传统的聚类方法中,有诸多方法都需要词或特征项支撑,并常以这些为基础构建向量,进而实现聚类。如文献[38]中利用提取的特征实现聚类。对中文文档而言,词的获取需要借助中文分词技术来完成,而分词的准确率和速度则往往是一对矛盾,即使给予充分的时间也无法确保分词的准确性。分词完毕往往还需要统计词频、去停用词等操作,此外还需要计算词的权重,并以此来构建文档的向量表达。对于采用特征项的方法,则往往需要进行特征项的降维,文献[37]中基于前期降维方法的不足,提出一种**三阶段**(three-stages)降维方法。当采用适当的方式挑选合适的聚类中心后,通过计算各点与聚类中心的距离来实现聚类。上述过程中涉及过多烦琐且正确性难以保证的操作,这一方面降低了聚类的速度,另外也可能影响最终的聚类结果。

一般来说,准确率和召回率是聚类所追求的两个重要指标。但在很多实际的应用中,对聚类的准确性和速度要求较高,而对召回率的要求则并不严格。例如,互联网实时话题检测或者舆情热点发现是一个被广泛研究的方向,网络热点话题的检测往往正是建立在聚类基础之上。在该过程中,由于所处理文本文档数量庞大,计算速度尤其重要;并且由于最终目的往往只需要计算得到某话题相关文档集的频繁项集即可,这意味着,在庞大的数据集中,只需将某个话题相关的适量文档准确地识别并聚集起来即可,亦即该应用场景下的聚类对准确率的要求应尽量高,以减少频繁项集分析中所受的干扰;至于是否识别的足够全面则不再重要,即对该聚类的召回率并无太高要求。在该情况下,只需要将文档相似度计算或者距离计算过程中的阈值设置得尽量大,保证某些主要聚类的高准确率,同时保证其召回率不要过低即可,此时的聚类速度完全依赖于相似度或者距离计算方法。

在网络热点发现研究过程中,为了分析得到当前网络热点,面临着大量的网页数据聚类,即使这种聚类分析处理仅仅只是针对增量采集的数据而言,也面临着聚类时间长、聚类后各个聚类的准确率和召回率难以平衡等问题,并且在聚类之前,在分词、特征提取及计算等环节也需要消耗较多的计算资源。另外,由于热点发现具有其特殊性,故我们在关注聚类的高准确率时无须太过关注其召回率。通俗地讲,虽然爬取的数据数量巨大,然而要识别发现其中的热点,只需要保证相关热点的聚类中数据足够纯即可,至于是否足够全则无关紧要。举例来说:假设 Web 页数据数目为 10000,并假设其中包含 3 个热点,各个热点的 Web 页数目分别为 3000、2000、1000。隶属于同一热点的 Web 数据虽多,然而要实现识别出该热点,并不需要将所有隶属于该热点的数据都聚到一个类中。例如,若将相似度阈值设置为一个较大的值,针对 3 个热点所获得的典型聚类大小分别为 300、200、100。虽然其召回率较低,然而由于阈值较大从而保证了聚类的准确率(纯度),仍然可以正确地分析获取当前热点。

文献[39]提出一种基于随机 n-Grams 的文本相似度计算方法,简称 R-Grams。基于 R-Grams 的文本相似度计算方法,可以省却烦琐的文本特征项提取过程,从而大幅提高计算速度,并且该方法还具有速度与精度易于调控、具备语言无关性的优点。基于前期关于文本相似度研究所提出的 R-Grams 文本相似度计算方法,提出本章的聚类方法,充分利用了 R-Grams 在计算相似度时无须执行分词等特征提取相关操作,而且阈值和聚类速度极容易调控。虽然在阈值较大时,本章聚类方法容易将隶属于一个热点的数据聚到多个聚类中,然而只需要挑选出其中不至过小的聚类即可进行热点分析。不过本章方法并不适宜应用到其他较为传统的聚类场合,利用该算法实现文档相似度计算,并最终完成文档聚类,且聚类结果在确保一定的召回率的同时达到了高准确率。为解决这一问题,故本章提出在聚类的第二阶段利用传统方法对第一阶段聚类结果进行聚类合并的解决方案。

本章创新点及方法优势如下:

(1) 提出了基于 R-Grams 文本聚类方法,适用于高准确率、较低召回率的场合;

(2) 该方法聚类过程中无须繁杂的特征提取操作;

(3) 该方法基于阈值实现聚类,但对阈值的要求极宽松,无须在准确率和召回率之间权衡。

3.2 方法及原理

本章以 R-Grams 文本相似度计算方法为基础实现文本聚类,为后文表述方便,称其为 R-Grams 聚类,其主要过程如图 3-1 所示。

图 3-1 聚类的主要过程

3.2.1 R-Grams 聚类

R-Grams 文本相似度计算的核心算法公式可表述为：设有两个文档 D_i 与 D_j，则其相似度评价函数定义为

$$S(D_i,D_j)=\frac{\sum_{k=1}^{n}F(e_k)W(e_k)}{\sum_{k=1}^{n}W(e_k)} \tag{3-1}$$

其中 $F(e_k)=\begin{cases}1(e_k\in D_i\cap D_j)\\0(e_k\notin D_i\cap D_j)\end{cases}$，即若元素 e_k 不是同时存在于 D_i、D_j 中，则该元素对相似度无贡献。$W(e_k)$ 是元素 e_k 的权重评价函数。

聚类时，需要解决两个关键问题，其一是聚类中心（标志文档）的选择确立问题，其二是距离或者相似度计算问题。将 R-Grams 相似度算法应用于聚类时，第二个问题自然迎刃而解；对于第一个问题，本章采用先按文档长度降序排序然后通过逐个选择各类的聚类标志文档并完成该类文档的识别，从而完成聚类。降序排序的原因在于长文档往往比短文档含有更多的信息，故而优先用作聚类标志文档。

设原始子文档集为 k 个，每个子文档集对应一个主题，记为 $D_1=\{d_1^1, d_2^1,\cdots,d_{n_1}^1\}$，$D_2=\{d_1^2,d_2^2,\cdots,d_{n_2}^2\}$，$\cdots$，$D_k=\{d_1^k,d_2^k,\cdots,d_{n_k}^k\}$。实验文档集为上述文档并集，即 $D'=\{d_1^1,d_2^1,\cdots,d_{n_1}^1,d_1^2,d_2^2,\cdots,d_{n_2}^2,\cdots,d_1^k,d_2^k,\cdots,d_{n_k}^k\}$，在不必区分或者无法区分文档的归属时，可将文档集记为：$D'=\{d'_1,d'_2,\cdots,d'_n\}$，其中 $n=\sum_{i=1}^{k}n_i$，为文档集中文档数。由于聚类前需要对该文档排序，故将排序后的文档记为：$D=\{d_1,d_2,\cdots,d_n\}$，下文的各项表述或操作均是对文档集 D 进行。聚类过程中的相似度阈值为 T，即若文档相似度值不低于该值，则将这些文档归属到一个类中。聚类中文档数阈值为 C，即若某个初始聚类中的文档数不低于该值，则认定该初始聚类为一个有效聚类，否则舍弃。

聚类的核心过程如下：

输入：文档集合 $D=\{d_1,d_2,\cdots,d_n\}$

对文档集合 D 聚类,其核心伪代码如图 3-2 所示。

```
flag=1                          //既用于记录聚类数,同时也用作各聚类的
                                //序号
for(i=1; i<n; i++)
{
if $d_i$ 未标记类别             //$d_i$ 未被标记所属类别
    for(j=i+1;j<n+1;j++)
    {
      if $d_j$ 未标记类别       //确保每个文档不会被归属到多个聚类中
      S=Sim($d_i$,$d_j$)        //利用 R-Grams 计算 $d_i$、$d_j$ 的相似度
      if $S \geq T$
        if $d_i$ 未标记类别
          标记 $d_i$、$d_j$ 类别为 flag
          flag++
        else
          标记 $d_j$ 类别为 flag
    }
}
```

图 3-2 R-Grams 文本聚类核心伪代码

聚类完毕,根据 flag 值即可知所获得的聚类个数,且每个聚类中最少元素个数为 2。可根据实际需要,设定合适的文档数阈值 C,过滤那些元素数过少的聚类。

经由上述 R-Grams 聚类后,所得聚类结果可以直接用于类似网络热点识别之类的应用场景。只需将所获得聚类中的较大聚类作分词等处理即可获知网络热点,并不需要将隶属于某个类的文档都准确地聚类出来才可分析出相关热点。由于这属于具体的应用范畴,并非本章重点,此处不再赘述。

倘若需将 R-Grams 聚类应用到其他更为广泛聚类场合,则需要对上述初始聚类结果作合并处理。

3.2.2 聚类合并

聚类合并可通过对上述聚类结果的二次聚类完成。二次聚类的对象并不再是整个文档集 D,只需要取各个类的标志文档即可。若两个类的标志文档被认定为一个类,则合并这两个标志文档所在的类。二次聚类采用常

规的聚类方法即可完成,本章采用先分词,然后利用文献[40,41]中频繁项集的方法进行二次聚类实现聚类合并。

3.2.3 聚类覆盖率

设与原始文档集对应的各个聚类中元素数为 $n_1^p, n_2^p, \cdots, n_k^p$,正确的元素数分别为 $n_1^q, n_2^q, \cdots, n_k^q$,则聚类的整体覆盖率定义为 $C_a = \dfrac{\sum\limits_{i=1}^{k} n_i^p}{n}$,即所有聚类中文档数之和与总文档数的比值;正确覆盖率定义为 $C_r = \dfrac{\sum\limits_{i=1}^{k} n_i^q}{n}$,即所有聚类中正确的文档数之和与总文档数的比值。

3.3 实验设计及结果分析

3.3.1 实验方案与目的

由于目前已有的几个大型互联网 Web 相关语料库中某个类的数据极为"稀疏",且其中包含的类数量极其庞大,同时也少有公认的人工标记聚类可供使用,在无法获知数据集详细的人工标记的情况下,对聚类结果的解读和评价也是难以进行的。并且,由于本节聚类算法的应用场景为高准确率和较低召回率,即要求较高的阈值,故语料库的大小并不会影响聚类结果,只会影响聚类的速度。基于上述原因,本章并未使用公开的 Web 语料库,而是采用爬虫程序从互联网抓取数据并提取其中的正文文本,然后从中选取如下五个主题的文档共计 875 篇,其中与"企业跑路"相关的为 180 篇(记为"企业"),与"超女XX"相关的为 165 篇(记为"超女"),与"转基因"相关的为 165 篇(记为"转基因"),与"以房养老"相关的为 165 篇(记为"养老"),与"染色馒头"相关的为 200 篇(记为"馒头")。

实验中,R-Grams 相似度计算相关参数:所取元素长度为 2、3、4、5、6,每种长度均取 20 个。聚类设置相关参数:文档数阈值 $C=3$,文档相似度阈值 T 取 3,5,7,9,11,13,15,17,19,21,23。

实验方案与目的主要是对上述所有文档,执行如 3.2.1 节所述的聚类,记录相关聚类数据,然后对这些聚类执行合并,并计算各个聚类的准确率、召回率等,探求聚类阈值对 R-Grams 聚类结果的影响。

3.3.2 实验结果与分析

1. 聚类阈值对聚类的影响

在利用上述方法进行聚类的过程中,阈值的设置对聚类结果起着决定性作用。阈值越小,各文档的类别归属出错的可能性越大;反之,阈值越大,各文档类别归属出错的可能性越小,但同时,也可能导致本属于同类的文档被归属到不同的类别中。聚类准确率结果如图 3-3 所示。

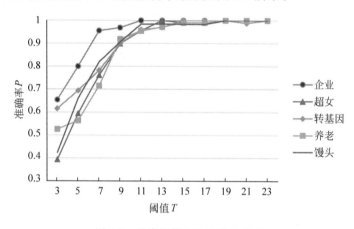

图 3-3 聚类阈值与准确率的关系

由图 3-3 可见:①随着阈值的增加,聚类准确率迅速提高,且各聚类准确率差值逐渐减小,直至最终基本相等。其主要原因在于:在聚类过程中,阈值充当着对各文档类别归属的把关作用,阈值越大,意味着聚类标准越严格,各文档被划分至错误类别的可能性减小,从而导致准确率的逐渐提高,直至最终均提高到接近 1;同时,各聚类准确率的最大差值也由 0.25(即 $T=3$)减小至 0(即 $T=19$)。②在阈值较小时,"企业"的准确率显著高于其他文档集的准确率;而"超女""馒头"的准确率则稍低于其他文档集。经过深入细致的分析得知,造成该现象的主要原因在于:聚类过程中,各聚类标志文档的筛选是基于排序后的结果进行的,而标志文档的出现时机则在一定程度上会影响该聚类的准确率。在文档排序队列中,所处位置越靠前,则相应文档也将更容易成为聚类标志文档,同时,若某文档成为某聚类的标志文档,则处于列表前端的标志文档也将获得更多的与其他候选文档进行相似度匹配计算的机会,而处于后端的标志文档则仅能获取较少的与其他文档进行相似度匹配的机会。这也就意味着将会出现两种现象:其一,先被确立为聚类标志的文档,将会纳入更多的文档至其所在的聚类,这一方面使得本该隶属于该聚类的文档不会被归属到其他聚类中,同时也可能使得很多本不该归属到该聚类的文档被错误的归属到该聚类中。其二,由于已有大量文档被归属到其应有的聚类,故后被确立为聚类标志的文档更多的只是将本应隶属于本类的文档纳入到本类中,而错误地将其他类别文档归属到本类的可能性大为减少,故会拥有较高的准确率。"企业"文档集中文档在排序队列中并未处于极其靠前的位置,这正是"企业"文档集聚类准确率普遍高于其他聚类的主要原因。而"超女""馒头"文档集中的聚类标志文档则处于靠前位置,从而在一定程度上影响了其准确率,但这并非唯一的决定性原因,还与文档分布情况及算法本身因素等相关。聚类与长度的相关性,也是该算法在后续研究中应予以优化或解决的环节。③从图3-3可见,从聚类准确率角度来看,在利用 R-Grams 相似度算法实现聚类时,相似度阈值范围可初步确定在区间[11,19],其中以[15,17]为优。

2. 聚类阈值与召回率的关系

在评价聚类时,召回率也是一个重要指标,本实验聚类召回率如图3-4所示。

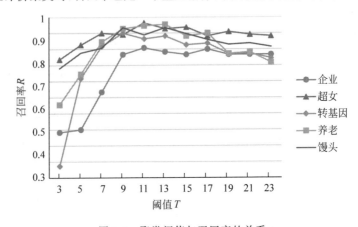

图 3-4 聚类阈值与召回率的关系

由图3-4可见:①随着阈值的增加,召回率普遍呈现为先增后降的趋势。其主要原因在于:在起始阶段($T \leqslant 9$),由于阈值过小,聚类时文档归属错误的可能性极大,即很多本该隶属于某类的文档却被归属到其他类中,而很多不应归属于某类的文档却被归属到本类中,这就导致了较低的召回率;随着阈值的增大,文档归属错误情况逐渐缓解,于是召回率逐渐提升。因此可以把低阈值时的阈值作用归结为"类间纠错"。然而在后期阶段($T>11$),由于阈值已经足够正确区分绝大多数文档的正确归属,因此其作用不再是"类间纠错",而是"类内细分",即由于过高的阈值,将在较低阈值时归属于一个较大类中的文档分割为多个较小的聚类,虽然这些较小的类中相当一部分最终仍然被合并起来,不过仍将有一部分被分割为独立文档或者极小的聚类,这些极小的聚类由于文档数太少而被舍弃,从而导致了后期阶段召回率的下降。另外,由于本实验中将有效聚类元素个数确定为3,因此意味着只会舍弃那些元素小于3的聚类,被舍弃的文档量极其有限,这就是后期召回率下降缓慢的原因;倘若将有效聚类的元素数提高,则召回率的下降趋势将逐渐更为明显。②在阈值较小时,"超女"等的召回率处于高位,而"企业"的召回率则明显低于其他文档集。召回率在整体上与准确率呈现为相反的顺序,即在文档排序队列中,所处位置越靠前,其准确率往往更低,而召回率则往往更高,但并非与此严格吻合。其原因前文已述及,即所处位置靠前,将会获得更多的相应属于本类的文档纳入到本类中,从而呈现较高的召回率。③从图 3-4 易知,从聚类召回率角度来看,在利用 R-Grams 相似度算法实现聚类时,相似度阈值范围可初步确定在区间[9,17],其中以[13,15]为优。

3. 聚类阈值与 F-score 的关系

在评价聚类时,由于准确率和召回率都只是从某一个方面来评价聚类,在实际中往往会采取综合指标,即 F-score。相关结果如图 3-5 所示。

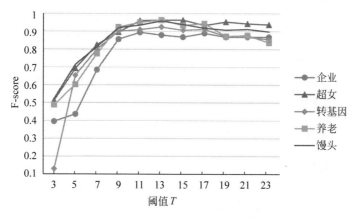

图 3-5 聚类阈值与 F-score 的关系

由图 3-5 可见,在整体上,F-score 曲线的升降趋势与召回率一致,即先升后降。此外,从图 3-5 也可看出,阈值的优选区间为[11,15]。

4. 聚类阈值对初始聚类数的影响

初始聚类数是利用 R-Grams 进行聚类后直接聚类的结果,实验结果如图 3-6 所示。

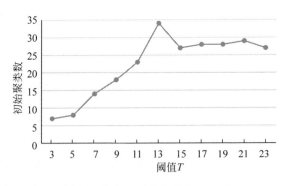

图 3-6　初始聚类数与阈值的关系

从图 3-6 可见,当阈值稍大时,利用该方法所获得的初始聚类数较多,因而各聚类召回率必然偏低,但是各聚类准确率都很高。这恰好符合前文所述的类似网络热点识别之类的应用场景。虽然一些较好的聚类算法能取得较好的召回率和准确率,但在聚类过程中需消耗过多的计算资源。本章方法在实现网络热点发现的前提下,同时可大幅降低资源消耗。以实验数据为例,若采用基于分词的聚类方法,则需要对 875 个文档作分词或特征提取及后续诸多烦琐操作,采用本方法后,则完全无须任何分词及后续的操作。即使在其他一般性文本聚类场合,本章所述方法也仅在聚类合并阶段才需要执行分词之类的操作,由上述结果可见,在此阶段需要执行这一系列烦琐操作的文档数大约为 30 个,仅占总文档数 3% 左右,最终聚类效果与常规的文本聚类方法相当。

5. 聚类阈值对聚类文档覆盖率的影响

整体覆盖率 C_a 和正确覆盖率 C_r 实验结果如图 3-7 所示。

由图 3-7 可见,整体文档覆盖率随着聚类阈值的增加呈现单调递减趋势,正确文档覆盖率则呈现先升后降的趋势。显然,随着聚类阈值的增大,文档将更难以聚到一起,或者难以聚成较大的类。由于各个聚类对纳入该类的文档的限制更为严格,这将导致越来越多的文档成为独立于任何聚类的个体文档,或者由于所含文档过少而无法被认定为有效聚类,在宏观上即呈现为整体文档覆盖率的持续下降。对正确元素覆盖率而言,则与上述情形有所不同。在阈值较小时,虽然绝大多数的文档都被归属到相关聚类中,但是正如前文所述,低阈值时的归属错误率极高,这一问题随着阈值的增大将逐渐缓解(即低阈值时阈值呈现为"类间纠错"功能),这正是正确文档覆盖率在开始阶段呈现增长趋势的原因。在阈值较大时,由于阈值的"类内细分"作用,诸多的大类被分割为多个细小的聚类甚至一些独立的文档,在该过程中,越来越多的独立文档和极其细小的聚类被排除到有效聚类之外,宏观上即呈现为正确文档覆盖率的缓慢下降。这在另外一个侧面再次印证了前文所论述的阈值的两种典型作用。当阈值增大到一定程度时,阈值已具备充分的辨识能力,可确保被归属到同一个类中的文档在实际上也的确是同类文档,此即当阈值较大时,两条曲线基本重合的原因。

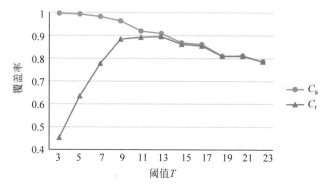

图 3-7　聚类阈值与覆盖率的关系

6. R-Grams 聚类方法特性及不足之处

R-Grams 聚类方法的特性可总结为:聚类多,准确率高,召回率低,聚类精度和速度易于调控。该方法可通过调整相似度计算中 n-Grams 的数目及各项阈值来实现聚类精度和速度的调控,故决定了其可用于实时性较高的场合,也可用于精度要求较高的场合,但并不能用于召回率较高的场合。另外由于该方法可以获取多个准确率高的聚类,通过其中的较大的聚类即可完成类似网络热点发现之类的应用需求。这主要是由于在实际情况下,网络热点一旦产生,虽然围绕着一个热点话题的数据往往涉及多个方面,但其中往往存在着大量由于转载或其他原因而导致有较大重复率的文档。只要能把这些重复率较高的文档识别出来,就足以分析出相关热点,而并不需要识别出该热点所有相关数据,这正是本章聚类方法具有实用价值的客观支撑条件。从本实验的初步聚类结果来看(即在不进行聚类合并条件下的聚类结果),虽然聚类数较多,但其中较大的聚类却并不多,在实际进行网络热点分析时,只需利用其中的几个较大聚类即可实现。另外,由于实现海量网络数据中热点的识别只需要能够取得其中一个较大的且准确率高的聚类即可,至于该类中元素是多一些还是少一些,都不会影响热点分析结果,这就决定了虽然本章方法仍然是基于阈值进行聚类的,但是对阈值要求却很低,只需阈值较大,例如在 15 以上,但不要高于 19 即可。以 $T=15$ 时的各聚类数分布如图 3-8 所示,直方图中分组间距为 15,第 1 组为聚类中文档数为 3 的聚类数,第 2 组为文档数为 4~18 的聚类数,以此类推。

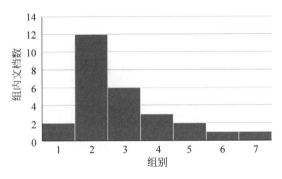

图 3-8 阈值 $T=15$ 时的各聚类数分布直方图

另外,虽然采用本章方法时,取较小的阈值能够获得较少的聚类,不过由于此时各聚类中包含了一定数量的归属错误的文档,这些对热点分析不利,故低阈值并不适合进行热点分析。R-Grams 不足之处在于:①需要在聚类前进行排序,即存在一定的文档长度相关性。②在低阈值时,排序结果将对聚类结果产生一定影响。不过高阈值时不再存在该问题。③在低阈值且计算量极少时,R-Grams 文本相似度计算方法存在一定的随机性。不过该问题在高阈值时基本不存在,或者也可以通过提高循环计算次数以降低其在低阈值情况下的随机性影响。

3.4 结论

本章提出的基于随机 n-Grams 的文本聚类方法，避免了很多传统聚类算法在文本聚类过程中不可避免的一些预处理，例如，分词、特征提取与筛选等，聚类计算速度得到了极大提高；另外本方法也可轻松地通过调整阈值实现对聚类速度、聚类精细程度等的调控，以适应不同的应用场景。本方法可直接应用于网络话题检测或者网络热点识别等场合，在结合聚类合并操作或其他聚类方法的基础上，可广泛地应用于其他文本聚类场合，具有良好的应用价值。本章所提方法聚类结果的文档长度相关性则有待后续进一步研究，对低阈值时存在的问题的解决方案细节则有待进一步优化。

网络舆情分析技术篇

第4章
基于链接分析的网络舆情演化趋势研究

随着互联网的飞速发展,网络上最主要的数据——网页,也在高速扩充,相应地,网页所赖以发展壮大的核心元素——网页链接,同样以惊人的速度增长。对于网页链接这个丰富的资源宝库,在多个行业领域都存在着极大的研究价值和应用前景。国内对于链接的分析与应用研究起步较晚,目前主要集中在链接分析算法[42-46]和链接分析的相关应用[47-50]。此外,也有部分学者对链接结构分析[51-52]、链接分析工具[53]、链接描述文本[54]、可视化链接分析[55]等相关内容进一步研究,李江[56]等对链接相关研究做了较为全面的综述。本章结合网络舆情的特点,研究了网络舆情随时间的演变特性及链接分析在网络舆情信源质量评价中的应用,这对网络舆情的热点发现及热点舆情后续的追踪监测具有重要的指导意义。

4.1 网络舆情

舆论的概念始于1762年,指在一定的社会空间内,围绕中介性社会事项的发生、发展和变化,作为主体的民众对作为客体的国家管理者产生和持有的社会政治态度[57]。现在对网络舆情并没有统一权威的概念,一般可认为是以网络为媒介所传达和交流的民众的情绪和观点。网络舆情与社会化的舆情概念范畴在一定条件下,它们之间互相作用,最终可以达到一定程度的同化。由于网络的开放性和虚拟性,决定了网络舆情具有即时性、自由性、偏差性、突变性、个性化、情绪化与群体极性化等特点。由于其情绪化、群体极性化的特点,个体化的观点容易导致群体化的效应,造成较大的舆论,甚至有可能波及至现实的社会中,由于网络舆情具有即时性的特点,及时对其产生的错误倾向进行引导纠正显得格外重要。

4.2 链接分析

互联网包含了海量网页,网页和一般文本的重要区别在于其页面内容中包含了相互引用的**链接**(link),如果将一个网页抽象成一个节点,而将网页之间的链接理解为一条有向边,则可以把整个互联网抽象为一个包含页面节点和节点之间联系边的有向图,称为 **Web 图**(Web graph)。WWW 网是由点和线组成的网络,其中点即链接点,一般对应着某个 Web 页面,也可以是图片、Email 等。而线即链,用来连接相关链接点,是 Web 的核心元素。1960 年 Ted Nelson 构思了一种通过计算机处理文本信息的方法,并称之为**超文本**(hypertext),这成为了 HTTP(超文本传输协议)标准架构的发展根基。1978 年,在 *Dream Machines* 中提到了"链接",并指出"链接"将带来文件的连通性。1981 年,使用术语"超文本"描述了这一想法:创建一个全球化的大文档,文档的各个部分分布在不同的服务器中,通过激活其中的"链接",就可以跳转到所引用的论文。

超文本是用超链接的方法,将各种不同空间的文字信息组织在一起的网状文本。超文本更是一种用户界面范式,用以显示文本及与文本之间相关的内容。当前,超文本普遍以电子文档方式存在,其中的文字包含有可以链结到其他位置或者文档的链接,允许从当前阅读位置直接切换到超文本链接所指向的位置。

一般通过链来连接两个 Web 页,一个称施链 Web 页,另一个称被链接 Web 页,链接术语图解如图 4-1 所示。

链接相关术语定义如下。

链接,超链接(link, hyperlink):两者都指网络链接,在没有必要区分入链与出链时,通常用到这两个词,偶尔也会用其指代入链和出链。

入链(inlink):指向某页面的链接。一般而言,这个链接应该来自某个特定集合以外的页面。"入链"与"反向链接"同义;"接受入链"与"被链接"同义。

出链(outlink):从某页面指出的链接。一般而言,这个链接应该指向某个特定集合以外的页面。

自链(selflink):从某页面指向该页面自身的链接,可能是同一页面的不同部分。一般而言,这个链接应该指向某个特定集合内部的页面。

第4章 基于链接分析的网络舆情演化趋势研究

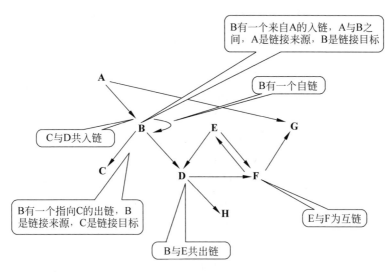

图 4-1 链接相关术语图解

互链(interlink，reciprocal link)：通常指两个不同网站之间的链接，也指站间链接。

共入链(co-linked)：如果两个页面都含有来自第三个页面的入链，则这两个页面共入链。

共出链(co-linking)：如果两个页面都含有指向第三个页面的出链，则这两个页面共出链。

共链(co-link)：共入链与共出链统称为共链。

网络链接分析(hyperlink analysis)，也称链接分析，或称链接分析法，可广义理解为以 Web 中页面间的超链接为研究对象的分析活动。通常称为**结构分析**(structure analysis)，以超链接作为主要输入研究 Web 的性质，尤其是隐藏的宏观性质。从网络信息计量学的角度，可将其定义如下：链接分析是以链接解析软件、统计分析软件等为工具，用统计学、拓扑学、情报学的方法对链接数量、类型、链接集中与离散规律、共链现象等进行分析，以用于 Web 中的信息挖掘及质量评价的一种方法。Web 上的链接分析一般基于下面两个假设。

假设 1：一个从页面 A 到页面 B 的超链接表示的是，页面 A 的作者对页面 B 的一种推荐；

假设 2：如果页面 A 和页面 B 是通过超链接连接起来的话，我们就认为它们有可能是关于同一主题的。

大量研究者发现,WWW 网上超链接结构是个非常丰富和重要的资源,充分利用该资源,可以极大地提高检索结果的质量。基于这种超链接分析的思想,Google 创始人 Sergey Brin 和 Lawrence Page 于 1998 年在构建早期的搜索系统原型时,提出了 PageRank 算法[58],该算法的基本思想是:如果有多个网页链接指向同一个网页,那么该网页就很可能比较重要;如果有一个重要性较高的网页链接指向一个网页,那么该网页也可能比较重要;网页的重要性是通过 PageRank 值来量化和衡量的。因此,一个网页的 PageRank 值取决于所有链接它的网页的 PageRank 值,同时链接它的所有网页的 PageRank 值又取决于链接到它们网页的 PageRank 值。所以,一个网页的 PageRank 值可以通过迭代得到,同时它的值又会影响它所链接的网页的 PageRank 值。

对于互联网某个网页 A 来说,该网页 PageRank 的计算基于以下两个基本假设。

数量假设:在 Web 图模型中,如果一个页面节点接收到的其他网页指向的入链数量越多,那么这个页面越重要。

质量假设:指向页面 A 的入链质量不同,质量高的页面会通过链接向其他页面传递更多的权重。所以越是质量高的页面指向页面 A,则页面 A 越重要。

利用上述两个假设,PageRank 算法刚开始赋予每个网页相同的重要性得分,再通过迭代递归计算来更新每个页面节点的 PageRank 得分,直到得分稳定为止。

HITS[59]是另一种经典的网页链接分析算法,1997 年首先被 Jon Kleinberg 提出,该方法主要对网页内容和链接的权威度进行计算:**内容权威度**(Authority Value),是网页内容自身所拥有的受欢迎水平;**链接权威度**(Hub Value),是网页链接到其他受欢迎网页资源的水平。PageRank 算法和 HITS 算法的两大区别在于:一是 PageRank 算法赋予初始排名并保持这些排名的操作与任何查询无关,而 HITS 算法则对于每一个查询都汇编出一个不同的根集,然后根据该查询的具体情况决定网页的优先次序;二是 PageRank 是只向前看,从一个链接移到下一个链接,而 HITS 算法则要从一个权威网页向后看,找出有哪些网页指向它。一些学者也相继提出 SALSA、PHITS、Bayesian 等其他的链接分析算法,这些算法有的已在实际的系统中实现和使用,并且取得了良好的效果。

Ahmadi-Abkenari F[60]指出链接权威度高的网页说明它指向的网页的链接权威度高,同时链接权威度高的网页说明它所被指向的网页的链接权威度也高。这两者关系和相互之间的影响可以通过如公式(1)、(2)来表示。其中,用 $a(i)$ 表示网页 i 的内容权威度值,用 $h(i)$ 表示网页 i 的链接权威度值,用 E 表示网页连接图的集合边缘。

$$a(i) = \sum_{(j,i) \in E} h(i) \tag{4-1}$$

$$h(i) = \sum_{(i,j) \in E} a(i) \tag{4-2}$$

4.3 链接分析与网络舆情的演化关系

网络舆情从情感倾向性来看往往具有多极性,我们不能简单地用两极化的思想对舆情所在主页进行划分。从传播方式来看,网络舆情的传播主要有两种,一是即时通信工具,再者就是 Web 页面,其中以 Web 页面为主。Web 的来源多种多样,网络舆情的常见来源一般分为 BBS、论坛、博客、播客、微博、新闻站等。国内各大中文门户网站的新闻频道以其雄厚的人力物力、权威而又丰富的资源、广泛的影响力而成为不可忽视的舆情信息来源,后文简称信源。信源的质量,包含舆情的权威性、及时性、原创性等,高质量的信源,对于网络舆情热点的发现及后续的追踪,具有不可忽视的参考价值。

搜索引擎作为 e 时代必不可少的一个工具,本身并不作为新闻的承载体,但其同样是一个不可忽视的传播渠道。搜索引擎在查找能够满足用户请求的网页时,主要考虑两方面的因素:一是用户发出的查询与网页内容的相似性的得分,即网页和查询的相关性;二是通过链接分析方法计算获得的得分,即网页的重要性。搜索引擎整合两者,共同拟合出相似性评分函数,来对搜索结果进行排序。一般情况下,一个网页链接点被链接的频次越高,表明该页面认可程度越高,影响面越广,越有参考价值,这样的链接点往往被认为是优质链接点,该链接点对应的舆情往往即为一个舆情热点;反之,若一个链接点被链频次很低或者从没有被链接过,则表明该链接点认可度低,影响面窄,价值低,该链接点对应的主题则不太可能成为一个热点舆情。

链接本身对于网络舆情的演变作用在于,例如,指向某一个页面 B 的一个超链接可能包含在页面 A 中,这个超链接对于基于关键字的查询可能没有什么直接作用,然后页面作者正是通过超链接给浏览者提供除页面内容之外的一些重要的信息,他们认为链接指出去的是对浏览者有用的信息。例如,一些链接是指导着浏览者回到站点的主页,通过重新选择入口点,对于浏览的路径进行重新定位;另外一些链接指导浏览者转到对当前的页面的内容进行评论的页面上去,这种类型的链接有可能是和当前链接讨论同一个主题,而且是质量非常好的页面。

然而,值得注意的是,在网络舆情分析领域,由于网络舆情具有突变性和即时性的特点,因此对链接点价值的评判不能完全采用常规的评价标准,即评价一个链接点的价值,不能仅依靠被链接的频次,而要引入另外一个重要的评价指标——时间。原因在于,任何一个新发布的页面,其被链接的情况的不可预测性越大,该链接点既有可能一直保持休眠状态,也有可能突变为一个热点舆情,并进入爆发期。若网络舆情已经处于爆发的高峰期才被发现,则后续的引导和干预工作的成效性将大打折扣,这也就是前文所讨论的,萌生期才是舆情热点发现的理想时期。另外一种情况,即使某个页面,被链接频次较高,但如果该页面已经发布了很长一段时间,即该页面主题所对应的舆情有可能已经处于平和期或者休眠期,则该页面的价值也是有限的,正是由于网络舆情的特性而导致其与一般的评价相异之处。刘雁书等[61]研究了链接关系用于评价网络信息的可行性,认为在网络舆情领域,只要注意到这两点,一般的链接分析方法应用于网络舆情相关分析也是可行的。

结合网络舆情的特性,可以得出优质链接点至少需要具备的两个特征:被链接频次高,发布时间短。一个站点含有的链接点越多,优质链接点比例越高,则该站点被认为是一个高质量的信源。另外,在网络舆情研究中,链接除了可以研究某个信源个体的质量,还可以用来研究信源的群体演化。网络舆情一旦进入爆发期,各个信源都不可避免地处于波及范围;反之,网络舆情能够进入爆发期,往往也是各信源共同作用的结果。在这种情况下,把各信源作为一个整体,研究一定时间跨度内的链接点数目和质量,对于了解网络舆情的演化趋势,从而选择合适的引导时机以及适当的疏导决策是很有价值的。下文将结合实例来进一步说明此观点。

4.4 实例验证及分析

4.4.1 实验对象

本实验主要选择目前国内比较知名的新闻站或者门户网站的新闻频道

作为信源,亦即实验对象。所选择的各信源见表 4-1。需要指出的是,如下这些域的子域也属于网络爬虫的爬行之列,如 http://focus.news.163.com/、http://bbs.news.163.com/等。

表 4-1 信源的域信息及描述

序号	域	描 述
1	http://news.xinhuanet.com/	新华网
2	http://news.sina.com.cn/	新浪网新闻中心
3	http://news.163.com/	网易新闻中心
4	http://news.sohu.com/	搜狐新闻
5	http://news.qq.com/	腾讯新闻中心
6	http://news.tom.com/	TOM 新闻频道
7	http://news.21cn.com/	21CN 新闻中心
8	http://news.ifeng.com/	凤凰资讯
9	http://news.people.com.cn/	人民网新闻中心
10	http://news.cntv.cn/	中国网络电视新闻台

4.4.2 实验方法

采用自主开发的巴特网络爬虫工具,在表 4-1 所列举的域下搜索爬行与"南平凶杀案"相关的 Web 页面,并且抽取每个页面的如下五项信息:标题、发布时间、来源、域、URL 等。其中标题即 Web 页面新闻的标题;发布时间即 Web 页面新闻的发布时间;来源即 Web 页面所注明的新闻出处,这里的来源有可能是纸质媒体,也有可能是网络媒体;域即新闻所在的域;URL 即 Web 页面的网址串。

4.4.3 实验结果与分析

1. 时间演化

对抓取的数据按日进行统计,统计的时间区域是 2010.03.21—2010.05.02,由于 3 月 21 日和 3 月 22 日并无数据,故得到的结果如图 4-2 所示,其中横轴表示日期,纵轴表示网络舆情量,单位是条。

从图 4-2 中数据可以看出,有几个特征点需要关注,下文将对这几个特征点逐一分析解释。

(1) 3 月 23 日:该网络舆情产生于 3 月 23 日,并在该日马上到达一个较高的数量。可见该舆情属一个典型的突发型舆情，充分显示了网络舆情的突发性。对此类突发型的舆情，为了解其发展脉络，我们可以把时间再次进一步细化，对 3 月 23 日的舆情以时为单位进行统计，得到结果如图 4-3 所示。

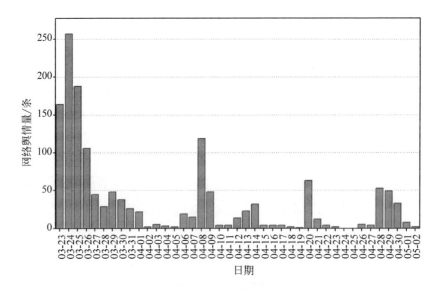

图 4-2 "南平凶杀案"随时间的演化

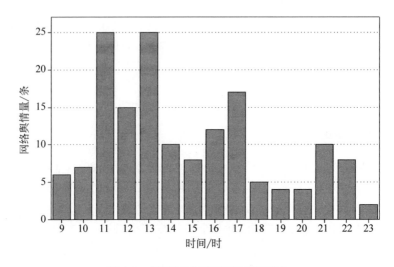

图 4-3 "南平凶杀案"随时间的演化

对图 4-3 进行进一步分析解释：

该舆情于上午 9—10 时首现网络，经过对爬取的数据，根据相应的 URL 联网进行核实发现，该舆情最早由中国广播网发布，并由新浪新闻中心转载发布（http://news.sina.com.cn/c/2010-03-23/093019922123.shtml）。查看该页内容进而发现,该舆情最早由中国之声《新闻纵横》8 时 58 分所报道。

11 时以后开始走向高峰期,在 12 时稍减,并于 13 时再次攀高,此后一直处于相对较低位,直到 17 时再次攀升。根据该数据情况,结合人们日常的生活习惯,我们可以推断,由于网络媒体的作用,导致该舆情迅速传播开来,11 时达到高峰；12 时是午餐时间,故稍有减少,午饭后属休息时间,故 13 时关注量再次攀高；14—17 时,舆情量较小,这是因为该时间段是工作时间。

17 时关注度再次有所攀升,这可能跟很多人下班前喜欢浏览新闻及论坛有关。

23 时以后再次走向低位。这跟大多数受众者的作息时间有关。

纵观图 4-3 可以看出,虽然在时间单位为日的层面上该舆情没有明显的萌生期,但是在以时为单位的层面上,其萌生期是 3 月 23 日上午 09—11 时。

需要指出的是,经过对 3 月 24 日、3 月 25 日等几个舆情量较大的日期进行按小时统计,可以发现与如上推断有较多的共同点。

(2) 3 月 24 日至 3 月 26 日：该网络舆情在该时间段达到高峰,可以认为是处于爆发期。

(3) 3 月 26 日至 4 月 5 日：该时间段关注量逐渐减少。其中 3 月 26 日至 4 月 1 日可以认为处于平和期,此后一直到 4 月 6 日之间属于休眠期。

(4) 4 月 8 日：舆情数剧增,撇弃背景知识单纯而言,此情况出乎意料。对爬取的数据相关 URL 进行查看,发现 4 月 8 日是"南平凶杀案"的开庭审理时间(http://news.qq.com/a/20100408/001049.htm),是导致 4 月 8 日关注量激增的直接原因。自此至 4 月 11 日,舆情量一直减少。

(5) 4 月 12 日至 4 月 14 日：这段时间舆情数量再次攀升,对数据 URL 进行查看发现,4 月 12 日由于发生"广西合浦"类似案件,使本已处于休眠状态的舆情再次被激活,人们的视线又开始关注该舆情。

(6) 4 月 20 日：舆情量再次突增。对 URL 进行查看发现,4 月 20 日为"南平凶杀案"的终审裁定时间(http://news.sina.com.cn/o/2010-04-20/101420112828.shtml)。据此推断：广大民众对该案件关注度很高,大家都期盼着法院的最终裁定。

(7) 4月28日至4月30日：连续3天，该舆情的关注量一直处于较高位。现实情况是这三天相继发生了广东雷州、江苏泰兴、山东潍坊三起类似的案件，把全社会引向思考。

(8) 5月1日：舆情量开始下滑。

2．信源统计

信源即信息的来源，这里仅对 Web 页面上所注明的来源进行统计，统计结果如图 4-4 所示。从图中可以看出，为网络媒体提供信息的主要媒体有：新华网、中国新闻网、《新京报》《羊城晚报》《京华时报》《东南快报》、中国日报网、中国广播网等，这与日常生活中的经验基本一致。由此可以推断：新华网、中国新闻网等媒体在国内几个知名新闻站点的稿源中占有很大比例，属于高质量的信源。虽然本实验所选择的网站只是众多网站中的很小的一部分，不能说明全部的问题，但是其影响力却远高于一般的网站，事实上，当我们对爬虫工具所爬取网站范围不再做任何限制时，可以发现，其他站的网络舆情绝大多数转自类似如上这些影响力大站点。

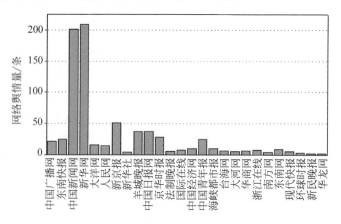

图 4-4　网络舆情信源统计

为此，在网络舆情热点发现及后续追踪中，重点也应该放在高质量的信源上，另外如果需要对网络舆情进行引导和疏导，需要关注这些权威度高、影响力大的媒体，利用这些权威媒体的辐射功能，把引导措施和疏导政策传播至网络的每个角落，维护社会的长治久安。需要注意，虽然权威网站影响力大，但由于这些网站管理也较严，所以并非所有的舆情最初都由这些网站发布，不少网络舆情最初起源于一些论坛，但是最终仍由这些权威网站推向高峰。

4.5 结 论

通过对国内若干知名网站的特定网络舆情的爬取和特定指标提取,结合网络舆情的特性,利用链接分析方法对网络舆情随着时间的演变进行分析研究,结果表明,链接分析的结果与舆情实际事实吻合得很好,同时验证了网络舆情演变的四个阶段,并结合实际对四个阶段作了分析说明,分析结果基本与实际一致,证明链接分析用于舆情演化趋势分析是可行的。结合网络舆情的时间演变特性及对信源的统计分析,可以为舆情热点发现及追踪提供指导性的作用,也可以为政府部门制定引导措施和疏导政策提供一定的参考意义,在维护社会长治久安方面具有一定的参考应用价值。

第5章 Web页面逻辑链接块研究

链接块是 Web 页面中广泛存在的一种区块结构。在现有的涉及链接块的相关研究和应用中，存在两类主要问题：一是仅针对物理结构上的链接块，甚至仅针对 Block 级别的 HTML 元素链接块；二是链接块的发现与识别等处理都是建立在 Web 页面标签树的基础之上，这一方面影响了 Web 页面的处理速度，另外也无法应付当前互联网上多样化而又不规范的 Web 页面。针对目前相关方法的不足，本章提出逻辑链接块的概念和逻辑链接块的发现方法和判别方法。该方法无须解析网页标签树或者 DOM[62]树，相关处理程序健壮性大幅度提高，且不再受限于某些特定的 Block 层次的链接块，既可以处理 Block 层次的链接块，也可以处理 Inline 层次的链接块，而且还可以处理跨越块级元素的链接块。实验结果表明：本章提出的方法可以有效地发现页面中的逻辑链接块，判别规则简单，为链接块的识别及文本提取提供了一种新的方式，在对链接块粒度要求不高的场合具有广泛的应用前景，在其他 Web 信息处理和挖掘领域中也具有一定的实际应用价值。

5.1 引言

万维网是一个通过页面之间的链接构建起来的超大型复杂网络。链接在 Web 信息组织和展示、页面导航等方面发挥着巨大的作用。网络爬虫依靠 Web 页面之间的链接实现互联网的遍历爬行，互联网用户则正是依靠页面之间的链接实现同主题内容的"聚合"阅读。Web 页面中的链接往往以不同的粒度块来组织，粒度块越精细则所含链接的主题相关性越高；随着粒度块的增大，链接块的主题"内聚"性逐渐减弱。如图 5-1 所示，当粒度要求极其精细时,则其将被划分为三个链接块;而当精细度要求不高时,则可以将其视为一个链接块,整个链接块的用途即"导航"。在针对链接块的相关研究中,根据研究目的的不同,对链接块的粒度精细要求也将不同。在专门针对链接块进行分析的研究中,对链接块粒度的要求往往较为精细,而在其他非链接块研究中,如 Web 页面文本提取中,则对链接块的粒度要求不高。

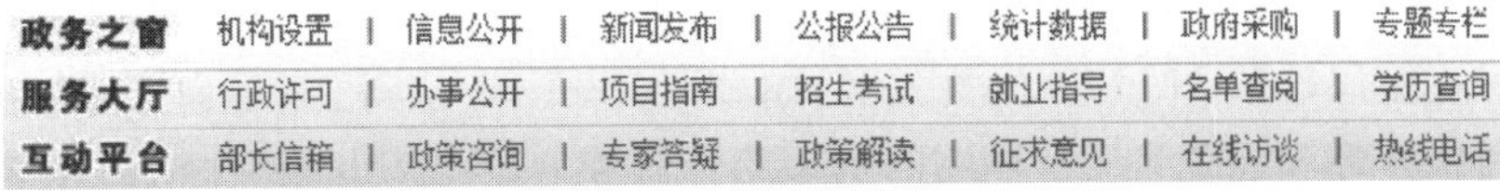

政务之窗	机构设置	信息公开	新闻发布	公报公告	统计数据	政府采购	专题专栏
服务大厅	行政许可	办事公开	项目指南	招生考试	就业指导	名单查询	学历查询
互动平台	部长信箱	政策咨询	专家答疑	政策解读	征求意见	在线访谈	热线电话

图 5-1 链接块的粒度

在技术实现上,视觉上的分块往往也对应着块(block)级标签元素(block-level elements)[63],目前的涉及链接块的应用和研究基本仅针对该实现方式。然而,由于网页设计技术和实现的多样性,视觉上的分块,在实现方式上并不总是采用 Block 类型标签实现,也有可能采用内联类型标签(inline elements)[63]实现,这也就意味着无法准确地预知设计者使用何种方式实现链接块,或者需要建立在对 HTML 标签属性的精细解析基础之上,这给基于海量 Web 数据的一些自动化应用带来了诸多麻烦。

5.2 相关研究及存在的问题

Web 页面链接块的研究历史悠久,对 Web 页面进行分块或者信息提取的方法众多。文献[64]将 Web 页面的抽取方法总结为基于 Wrapper、模板、机器学习、视觉布局特征、HTML 特征等五类。这五类方法同样可以适用于 Web 页面链接块的分块。其中,Wrapper 和模板法的通用性较差,且一般需要人工参与,并需要更新维护,极为耗时费力,鉴于此有研究人员提出了无须模板支持或人工监督的 Wrapper 算法[65-67],并取得了较好的效果;机器学习的方法需要借助合适的训练集和适量的特征[68],且难以完全脱离人工监督;利用视觉布局特征的方法的典型代表即 VIPS[69],该方法虽然准确率高,但是对网页的解析要求过于精细,计算消耗大,面对大量非规范化的网页时健壮性难以保证,且在当前普遍采用 CSS[70]来控制各页面标签属性视觉呈现的情况下,还需要另行解析相关 CSS,最终导致解析任务量大,程序健壮性欠缺;基于 HTML 特征的相关方法多偏向一些启发式规则[71-74]或一些统计规律,通用性有待提高。此外,也有研究者提出了其他的一些方法,例如,利用模糊神经网络实现页面分块的方法[75]、MSS 页面分块方法[76]等。虽然相关研究方法多种多样,各有特点,然而经过分析总结可以发现:目前关于 Web 页面链接块的发现和识别相关算法基本都是基于标签树[73,77-81],而 DOM[82]是一种构建标签树最为常见的方式;其他方法则都以 HTML 标签树或 DOM 为基础[83-84]。

另外,在对 Web 页面进行分块的相关研究中,有相当一部分基本都仅仅针对块级层次的 HTML 标签元素,如 div、table、tr、td 等,其中由于 table 功能的多样性和强劲性[85],早期网页布局修饰和内容组织几乎对 table 不可或缺,相应的,部分文献也仅考虑了针对 table 布局的网页[81],且未能很好地区分用于布局的 table 和用于内容组织的 table。Son 等[81]专门研究了基于 table 设计的网页,对 table 的两种作用做了区分并分别识别,实验证明了所提出方法的先进性。但仅针对 table 的处理方式局限性太大,目前的网页设计基本都是 table 和 div 共存,Uzun 等[77]同时考虑了这两种情况,先根据 div 和 td 获得分块信息,其次结合决策树生成抽取规则,取得了良好的效果,特别是在抽取速度上获得了和手工规则相当的性能;Wang 等[71]则提出了 BSU 概念,并基于此采用聚类和启发式规则两种方法实现页面信息抽取,比采用基于 div 和 table 的方法结果更好。

现有的对链接块进行分块的算法,尤其是基于标签树的各种方法需要 Web 页面遵从较好的规范,这种规范既包括 HTML、XHTML 等标签语法规范(如标签的配对关系),也包括语义设计方面的规范(如通过浏览器渲染后在视觉上呈现块状的内容在实际的代码中也会通过块级元素 div、table 等来呈现,视觉上的标题通过 h1、h2 等标签来呈现等)。但实际上,海量的 Web 页面中,有相当数量的 Web 页面并不遵从 HTML 等标签语法规范和语义设计规范。虽然 HTML 标签语法上的不规范性可以通过一些现有的或自行设计的 Web 页面规范化程序进行矫正,但并不能保证 100% 的正确率;语义设计规范问题的矫正难度则更大。这就决定了基于标签树的各种方法仅能在设计规范或易于矫正的 Web 页面中获得良好的效果,在非规范化 Web 页面中则显得捉襟见肘。

由于在已有的 Web 页面处理相关研究中,一般只将块级标签对应的代码块称为块,这种处理方式虽然极大地提高了诸多 Web 页面处理的效果。然而在面对纷繁复杂的 Web 页面时,在某些情况下,这种处理方式可能带来两种后果:误判或无法检出。例如在很多 Web 页面中,存在着并非块级的广告,在页面正文抽取等研究领域,按传统的块级处理方式,无法检出这些广告链接,如图 5-2 所示。

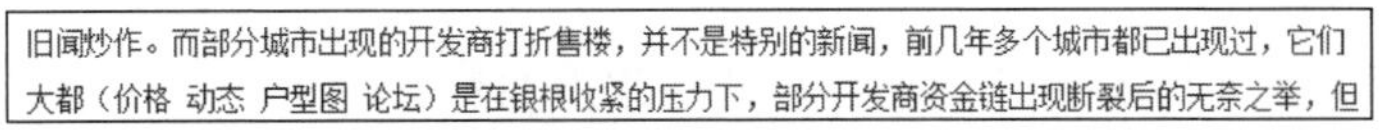

> 旧闻炒作。而部分城市出现的开发商打折售楼,并不是特别的新闻,前几年多个城市都已出现过,它们大都(价格 动态 户型图 论坛)是在银根收紧的压力下,部分开发商资金链出现断裂后的无奈之举,但

图 5-2　非块级的嵌入式广告链接

本章基于现有链接块识别方法的不足,提出标签距离和逻辑链接块的概念,并基于标签距离提出了逻辑链接块的发现和判别方法,并实现逻辑链接块的识别和判别。逻辑链接块的识别在对链接块精细力度要求不高的场合具有良好的应用场景。

5.3　方法及原理

为了后文表述方便,首先定义如下概念。

在 Web 页面的 HTML 代码中,两个标签之间存在着两类距离:代码距离和文本距离。分别定义如下。

代码距离:任意两个标签之间的代码距离即介于前一个标签的标签结束符">"和后一个标签的标签开始符"<"之间所有内容的长度。在本章的计算中,将先去除各标签的属性然后才执行代码距离的计算,例如,"< div id="main"> ABC </div>"经过去除标签属性得到"< div > ABC </div>"。

文本距离:任意两个标签之间的文本距离即介于前一个标签的标签结束符">"和后一个标签的标签开始符"<"之间所有文本的长度。

但是在计算文本距离时,遵从如下规则:①英文等字符以单词为统计单位,即一个单词长度计为 1;②中文等字符以单个字为统计单位,即一个汉字长度计为 1;③数字以一个完整数字为统计单位,即一个完整数字长度计为 1,例如"北京 2008"的长度计为 3;④日期字符串以日期整体为统计单位,即一个完整日期长度计为 1,例如"今天是 2014 年 3 月 8 日"的长度计为 4;⑤标点符号与汉字统计规则一样,但是若相邻的若干标点符号相同,则长度只计 1。

链接距离:即 Web 页面中相邻两个链接之间的距离。链接距离可以采用如下两种度量方式之中的一种:

(1) 代码距离:即前一个链接的"</a>"与后一个链接的"< a >"之间的代码距离。

（2）文本距离：即前一个链接的"</a>"与后一个链接的"<a>"之间的文本距离。

逻辑块：即由不少于一个且相邻或相近的标签所构成的连续代码区域。逻辑块可能是一个标签块，也有可能是几个相邻或相近的标签块合并构成，且被包含在逻辑块中的各个标签并不要求都是完整的，被包含在逻辑块中的各个标签也不必是块级标签。如图 5-3 所示，A 与 B 为相邻的兄弟标签，构成逻辑块；A1 与 A2 均是 A 的相邻子标签，构成逻辑块；A2 与 B1 虽然隶属于不同的父标签，但 A2 与 B1 相近，通过 A 的后半部分代码和 B 的前半部分代码，可以最终使得 A2 和 B1 成为一个连续的代码区域，故也是逻辑块。

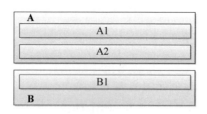

图 5-3　逻辑块

逻辑链接块：设某逻辑块中的链接数为 C_{link}，逻辑块内各相邻链接之间的距离为 $(d_1, d_2, \cdots, d_{C_{link}-1})$，若该逻辑块满足如下条件，则称该逻辑块为逻辑链接块。

$$\begin{cases} C_{link} \geq C_t \\ \max(d_i) < d_t \end{cases} \tag{5-1}$$

其中，C_t 为链接块中最小链接数；d_t 为相邻链接之间所允许的最大值。C_t 决定了所识别出的逻辑链接块的大小，而 d_t 则表示链接块将链接纳入链接块的能力。

逻辑链接块的发现可以通过对 Web 页面的 HTML 代码从前往后扫描，对发现的链接，逐个计算与其相邻的链接的距离，当距离低于阈值 d_t 时，则记录链接数，并继续往后扫描，直至遇到相邻链接之间距离超过 d_t 时，判断当前积累的链接数是否超过 C_t，若超过，则表明一个链接块发现完毕，重新开始下一个链接块的发现过程。该逻辑链接块发现方法的好处在于，无须标签树支持，也就意味着无须在标签树解析或 DOM 解析上耗费大量的计算资源，从而也就避免了解析纷繁复杂且缺乏规范的 HTML 时的各种问题。

对逻辑链接块识别结果的评价,本章采用**链接覆盖率**(Link Coverage Rate,LCR)和**代码覆盖率**(Code Coverage Rate,CCR)两个指标,其表达如下:

$$\text{LCR} = \frac{C_{\text{BlockLinks}}}{C_{\text{PageLinks}}} \quad (5\text{-}2)$$

$$\text{CCR} = \frac{L_{\text{Block}}}{L_{\text{Page}}} \quad (5\text{-}3)$$

其中,$C_{\text{BlockLinks}}$表示包含在逻辑链接块中的链接总数;$C_{\text{PageLinks}}$则指 Web 页面中的链接总数;L_{Block}表示所识别的逻辑链接块代码长度总和;L_{Page}表示 Web 页面代码长度。

5.4　实验设计及结果分析

5.4.1　实验目的

下述实验的目的是验证上述所提出的逻辑链接块发现和判别方法的有效性,且探讨该方法在处理索引型和内容型 Web 页面时的效果与特性。

5.4.2　实验方案

实验所用原始 Web 页面数据是通过程序从互联网中随机爬取,然后对随机爬取的 Web 页面采用两种取样方式:

(1) **人工筛选**。人工筛选的 Web 页面数据来自于 5 家国内门户网站,即网易、新浪网、中国新闻网、中华网、凤凰网,每个网站均选取 16 个索引页(即门户首页或者各子频道首页)和 40 个内容页,共计 280 篇。

(2) **随机抽取**。随机抽取的索引页为 46 个,内容页为 256 个。鉴于 Web 页面文本抽取是逻辑链接块的可能最主要的潜在应用,故在筛选内容页时,尽量选择了多种不同类型的 Web 页面,如既有长篇幅的也有短篇幅,既有纯文字页面也有视频图片页面。

实验分为两组进行,每组实验又分别使用代码距离和文本距离作为链接之间距离的度量,试验在不同参数配置下索引页和内容页的链接块识别情况。为下文表述方便,将采用文本距离时的链接距离阈值记为 d_t^t,而将采用代码距离时的链接距离阈值记为 d_t^c。

第一组:设定 $C_t = 3$,使用文本距离的情况下,$d_t^t = \{5, 10, \cdots, 60\}$;使用

代码距离的情况下，$d_t^c=\{10,20,\cdots,120\}$。

第二组：设定 $C_t=\{2,3,\cdots,12\}$，使用文本距离的情况下，$d_t^t=40$；使用代码距离的情况下，$d_t^c=80$。

5.4.3 实验结果与分析

1. d_t^t 对 Web 页面链接块的影响

对任意 Web 页面，不难想象，随着相邻链接之间距离阈值 d_t^t 的增大，相邻超链接被归属到同一逻辑链接块中的可能性越大，各个逻辑链接块也将越大，在链接总数确定的情况下，逻辑链接块数也将越少。相应的，各链接块累计覆盖的链接数和代码区域也将越多，即链接覆盖率和代码覆盖率也将越高。图 5-4 中的实验数据证实了这一点。

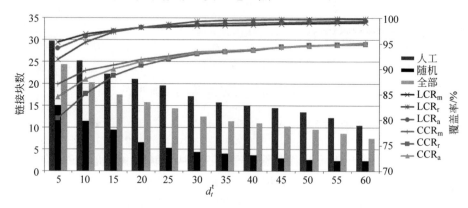

图 5-4 d_t^t 对逻辑链接块的影响——索引页

LCR_m、LCR_r、LCR_a 分别表示对实验攫取的 Web 页面数据分别采取人工筛选数据、随机抽取数据以及全部数据三种方案的链接覆盖率；CCR_m、CCR_r、CCR_a 分别表示对实验攫取的 Web 页面数据分别采取人工筛选数据、随机抽取数据以及全部数据三种方案的代码覆盖率。

由图 5-4 可见：①虽然索引页中包含数量可观的链接数，但由于索引页中纯文本数极少，在无纯文本或仅被极短文本间隔的区域，所有的链接都将被归属到同一个逻辑链接块中，故采用文本距离作为链接距离时，逻辑链接块数极少，尤其是当 d_t^t 增大时这种现象更为明显。②人工取样数据由于都来自于门户网站，Web 页面大而结构复杂，所需呈现的内容多，栏目多，也就导致链接数多；而随机组中的网页绝大多数属常规大小，所需呈现的内容少，栏目简单，从而链接数也少。另外，由于随机组中 Web 页面相对较小，出现长文本的情形也更为少见，故其逻辑链接块数明显少于人工组。③索引页中，当 $d_t^l=5$ 时，链接覆盖率即超过 90%，这表明索引页中长度大于 5 的纯文本数量很少，这也正是我们平时所熟知的情况。④当 $d_t^l<20$ 时，人工组和随机组的代码覆盖率存在差异，与链接覆盖率曲线稍有不同，这主要是因为：当链接覆盖率提高到某个较高水平时，"孤立"链接或链接块数将越来越少，此时提高 d_t^l 的值，其主要作用不再是将"孤立"链接或链接块纳入逻辑链接块而增加链接覆盖率，而是将由于 d_t^l 偏小而被某些较长文本分割开来的那些小逻辑链接块合并为更大的链接块，表现为一种对链接之外的其他代码的"吞噬作用"；在合并的过程中，一方面使得逻辑链接块数更少，另外一方面由于多个链接块的合并，将原本属于逻辑链接块间的中间地带整体纳入进新的逻辑链接块，该过程中虽然基本不会或很少导致新的链接被归属到逻辑链接块而提高链接覆盖率，但逻辑块间中间地带代码的纳入，却能显著提高代码覆盖率。⑤通过对比图 5-4 中的链接覆盖率曲线和代码覆盖率曲线可知，$d_t^l \geqslant 20$ 时，链接覆盖率基本维持不变；而 $d_t^l \geqslant 45$ 时，代码覆盖率也将维持不变。这也就意味着，在索引页中，当 $20 \leqslant d_t^l < 45$ 时，d_t^l 增加而带来的主要贡献表现在对非链接代码的吞噬；而在 $d_t^l \leqslant 25$ 时，d_t^l 的增加则同时吞噬了链接及链接之间的代码，从而呈现出链接覆盖率和代码覆盖率的同步上升。⑥相对而言，随机组的逻辑链接块数更易受到 d_t^l 的影响，其主要原因在于：首先随机组中 Web 页面链接数总体偏少，一般在几十至数百个，人工组中的门户 Web 页面则一般都包含上千个链接；其次，在随机组中的 Web 页面中较长的纯文本极少，d_t^l 的增加将使得原本较小的逻辑链接块迅速聚合为较大的逻辑链接块，逻辑链接块数大幅度降低，因而就导致了随机组中的逻辑链接块数的波动更为明显。

与索引页相比，针对内容页的实验结果存在如下显著不同。①逻辑链接块数显著减少。这主要是因为内容页所承担的作用不同所致。索引页承担着导航的作用，包含着尽可能多的链接，而内容页则着重呈现某一个主题内容，该主题可能为文本、图片、视频等，这些主题元素占据了大量的篇幅，链接数量大幅减少，从而导致最终的逻辑链接块数大幅减少。当 d_t^l 足够大时，Web 页面中的逻辑链接块数基本维持在 2～3 个，其中相当多的页面链接数为 2，即正文内容前后的链接分别被划分为一个逻辑链接块。②人工组和随机组的实验结果差异不显著。在索引页的实验结果中，随机组的逻辑链接块数远小于人工组,但在内容页上,却并无太大差异。可见,从内容页的角度看,人工组和随机组中的Web页面,均具有相似的结构特征和文本特征。③代码覆盖率显著降低。这主要是因为在内容页中,非链接块占据了相当大的篇幅,且内容页的规模远小于索引页所致。④在逻辑块发现的过程中,Web页面正文文本能够被很好地保留下来,少数文本极其短的页面例外,这表明基于逻辑块识别的方法是可以应用于Web页面文本提取的。⑤对于内容页文本中零星出现的孤立链接,由于其间距离过远而不会被纳入链接块,即文本块的完整性不受影响;而对于嵌入在文本中小区块广告链接(如图5-2所示的情况),由于链接之间距离短而会被纳入逻辑链接块中。这在基于块级元素的链接块识别中是无法达到的。不过若某些孤立链接恰好离嵌入在文本中的广告区块较近,则也有可能发生误判的情况,在 d_t^t 较小时该情况出现概率较低,随着 d_t^t 的增大,该情况出现的概率将增加,这种现象有待进一步研究。针对内容页的实验结果如图5-5所示。

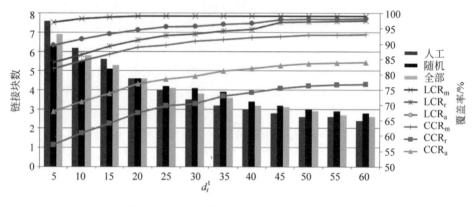

图 5-5 d_t^t 对逻辑链接块的影响——内容页

2. d_t^c 对 Web 页面链接块的影响

在采用文本距离作为链接距离时,仅计算了相邻链接之间的文本,这就导致在文本偏少或者较短的Web页面中,即使相邻链接间存在大量代码,但若无文本,则由于缺少文本的分割作用,它们仍将被归属到同一个逻辑链接块中。而在采用代码距离作为链接距离时,代码和文本同时对逻辑链接块的分割起作用,这也就意味着,采用代码距离作为链接距离时,Web页面将被划分为更多的逻辑链接块;与此同时,链接块间的中间地带也将增多,这将导致代码覆盖率的降低。实验证实了上述分析成立,结果如图5-6所示。

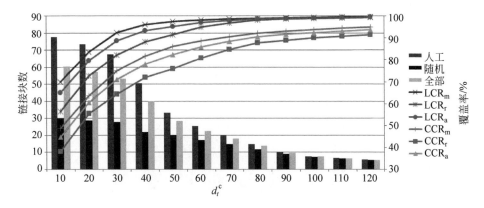

图 5-6 d_t^c 对逻辑链接块的影响——索引页

从图 5-6 可见：当 d_t^c 较小时，人工取样数据所包含的链接块数远多于随机组，而随着 d_t^c 的增大，其间的差距逐渐缩小，当 d_t^c>90 时，这种差别几乎不再存在。这也就意味着，在索引页中，无论是人工组中的门户网站索引页面，还是随机抽取的常规索引页面，相邻链接之间的代码距离基本都在 90 以内。由于 d_t^c 越小，其对 Web 页面的分割作用越"精细"；反之 d_t^c 越大，其分割作用越"粗糙"，更易凸显 Web 页面的宏观结构特性。可见，无论 Web 页面规模的大小如何，都存在一定的宏观结构相似性。这种特性在针对内容页的实验中同样存在。

与采用文本距离方式的实验结果类似，针对内容页的代码覆盖率显著低于索引页，其他方面则无显著差异。

3. 从文本距离谈 C_t 对 Web 页面链接块的影响

逻辑链接块中链接数阈值 C_t 决定了一个逻辑块要成为一个逻辑链接块所必需的最小链接数。在 d_t(d_t^c 和 d_t^t)确定的情况下，C_t 越小，则在逻辑链接块的扫描发现过程中，各个逻辑块更容易达标而成为链接块，也将包含更多的链接，链接的纳入，必将相应地吸纳更多的链接间代码；反映在曲线上，即链接覆盖率和代码覆盖率的高位。反之 C_t 越大，各个逻辑块则更难以被认定为链接块，诸多的逻辑块虽然包含了链接，但由于数目上小于 C_t 从而被舍弃，其结果就是更多的链接将被排除在逻辑链接块之外，相应的也将有更多的代码未能纳入逻辑链接块；反映在曲线上，即链接覆盖率和代码覆盖率的低位。同时由于诸多"准链接块"被舍弃，也将导致逻辑链接块总数的衰减。实验结果证实了上述结论,如图 5-7 所示。

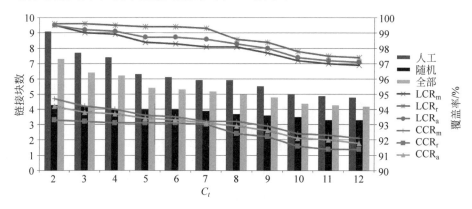

图 5-7 C_t 对逻辑链接块的影响——索引页

从图 5-7 可见,人工组的逻辑链接块数受 C_t 的影响较为显著,而随机组的逻辑链接块数基本无大幅度变化。这主要是因为在本实验中 $d_t^l=40$,而绝大多数的随机组 Web 页面中较少存在长度超过 40 的纯文本,这也就导致了无论 C_t 取值如何,整个 Web 页面被划分为逻辑链接块时的分界点较为固定,即那些数量很少且长度超过 40 的纯文本充当了分界点角色。不难推断,若 d_t^l 较小时,充当这种分界点角色的纯文本就逐渐增多,此时逻辑链接块数也将呈现为较大波动。实验数据证实了这一推断。

针对内容页的实验结果(如图 5-8 所示),与索引页相比其最大不同表现在:①逻辑链接块数量少,基本都在 4 个以下。这主要是因为在内容页中纯

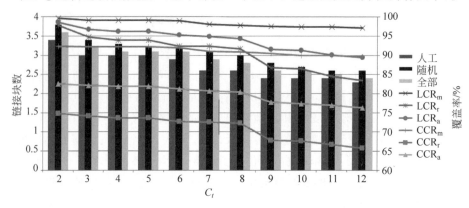

图 5-8 C_t 对逻辑链接块的影响——内容页

文本几乎集中呈现,即使文本中偶尔会出现孤立的超链接,但往往由于这些超链接与其他超链接距离过远而无法纳入到链接块中。这恰好能够维持文本块的完整性。倘若将 d_t^l 继续增大,则可能导致文本块被部分甚至全部归属到链接块中。②逻辑链接块数随着 C_l 的增大一直呈现平缓的下滑,不再出现类似上述在 C_l 较小时链接块数波动较大的情况。这主要是因为在内容页中的长文本数量和位置基本固定所致。在 d_t^l 较大且确定的情况下,无论 C_l 如何变化,对逻辑链接块划分起决定性作用的都是那些长文本。在内容页中的长文本集中呈现,这也就决定了当 d_t^l 增大到某个值时,绝大多数的内容页将被划分为两个链接块:正文之前作为一个链接块,正文之后作为一个链接块。该结论在实验中得到证实。③当 C_l 较小时,链接覆盖率与索引页基本持平,而随着 C_l 的增大,链接覆盖率与索引页的差距逐渐增大。这主要是因为:在索引页中,链接分布比较密集而均匀,而在内容页中,例如,在某些正文中零星分布少量链接的页面中,特别是在某些附带评论的博客页面和论坛页面中,链接呈现为一种相对"离散"分布。这样当 C_l 较小时,零星散落的链接只要距离不致太远,或者能以小团簇形式(典型的如博客或论坛中每条回复周围关于发帖人个人信息的一些链接)出现,它们仍能被认定为逻辑链接块;随着 C_l 的增大,越来越多的以团簇形式存在的小链接区域由于无法满足最小链接数阈值 C_l 的要求,且相邻链接团簇又因为被某些较长的文本切断而被排除在链接块之外。这种情况在索引页中是极其少见的,因而导致了这一现象。④代码覆盖率远低于索引页。其本质原因在于内容页中存在着大篇幅的主题文本块,这些文本块基本不会被纳入逻辑链接块中,从而也就导致了内容页的代码覆盖率显著低于索引页。⑤人工组的链接覆盖率显著高于随机组。其主要原因正如③中所述,博客页面或论坛页面中的往往由于部分篇幅较长帖文对页面的分割作用所致。这些长帖文的存在,将导致部分包含的链接数低于 C_l 的逻辑块未被认定为链接块,从而丢弃了大量的链接,这一现象在人工组的门户新闻页面中几乎不存在。最终造成链接覆盖率的降低,相应的也使得代码覆盖率降低。⑥人工组的代码覆盖率显著高于随机组。其主要原因在于:第一,人工组的页面往往较随机组中的页面更长,然而从其所包含的正文长度而言,则两者并无显著差异,依据代码覆盖率的计算表达式不难看出这将导致整体篇幅短的内容页其代码覆盖率也更低。第二,正如⑤中所述,部分篇幅较长帖文对页面的分割作用导致了代码覆盖率的降低。

4. 从代码距离谈 C_f 对 Web 页面链接块的影响

对索引页实验结果而言,采用代码距离和采用文本距离的方式相比较,主要差异体现在四个方面:①采用代码距离时的链接块数更多。原因与前文一致,不再赘述。②代码覆盖率和链接覆盖率更低。原因同前文,不再赘述。③随机组和人工组的逻辑链接块数差异不明显。

对内容页实验结果而言,采用代码距离和采用文本距离的方式相比较,主要差异与索引页基本相同。

5.5 结论

本章提出的逻辑链接块,扩展了常规链接块的范畴;本章的逻辑链接块发现方法,避开了传统链接块识别所不可或缺的标签树解析或者 DOM 解析过程,从而也就无须在标签树解析或 DOM 解析上耗费大量的计算资源,同时避免了解析纷繁复杂且缺乏规范的 HTML 时的各种问题;另外,链接块的判别规则简单,无须复杂计算,在对 Web 页面进行一次扫描即可同时完成逻辑链接块的发现与判别。本章的方法分析速度快,抗干扰性强,能更好地适应设计不规范的 Web 页面,且不要求链接块内的链接主题内聚性高,这也就决定了该方法在 Web 页面文本抽取方面有着潜在的应用价值,在其他对链接块精细粒度要求不高的 Web 信息处理和挖掘领域中也具有广泛的应用前景。

第6章

基于区块树的Web页面链接块的识别方法

链接块是Web页面中广泛存在的一种区块结构,也是诸多Web数据处理与挖掘相关研究的基础而又重要的研究对象,然而目前却鲜有对其进行的专门研究。已有的对链接进行的研究基本都集中在网站、页面或链接这三种粒度,链接块级粒度的研究则未受到应有的重视,相关的研究成果极其缺乏。鉴于链接块研究的意义和目前相关研究的不足,本章首先提出区块和区块树的概念,并给出一种区块树的构建方法;其次基于区块的概念提出链接块判别的四项指标及用于链接块识别结果评价的链接覆盖率、代码覆盖率两项指标;最后提出两种对区块树进行遍历判别的算法策略,并通过不同参数设置的实验对两种算法思想的链接块识别效果予以验证。实验和分析结果表明:正向判别法和逆向判别法都可以通过调整相关参数灵活实现不同粒度链接块的识别,其中逆向判别法在链接块粒度控制的精细化、链接块保留的完整性、链接块对链接覆盖的全面性三方面取得了良好的平衡。本章所提出的概念和方法在Web页面广告块识别、页面去噪、页面重要性评价、正文抽取等Web数据处理和挖掘领域具有良好的应用前景。

6.1 引言

万维网(WWW)是依赖链接所构建起来的一个庞大网络,链接是万维网的灵魂。万维网中的每一个网页,正是通过Web页面之间的链接最终构成了当今世界最为复杂的网络,网络爬虫也正是依靠Web页面之间的链接最终实现网络数据的爬取,Web页面的重要性也往往是通过链接分析而获得。Web页面中的链接数目往往在数十到几千之间,特别是在索引(目录)类型网页中,链接更是占据了近100％的比例。页面中的链接虽多,但在实际的应用中,网页中的链接却并不乱,网页设计者会根据链接的类型将其进行适当的分类并呈现为链接区块,例如广告链接块、顶部导航链接块、侧栏导航链接块、版权联系链接块、主题相关链接块等。链接的分块呈现体现了网页信息组织的结构性和逻辑性,并增强了网站用户的用户体验。Web页面链接块的准确识别,在Web页面去噪、主题相关链接块提取、Web页面正文抽取、细化搜索引擎处理单元粒度、提高网络爬虫爬取效率等海量Web数据预处理中有着极其重要的作用。

6.2 相关工作

Web页面链接的研究历史悠久,其应用相关研究深入而全面,并仍在继续向前发展。对Web链接的相关研究按粒度可以借鉴陈竹敏等[86]的分类,将其分为4个粒度:站点(网站)粒度、页面(网页)粒度、网页块级(Page Block)粒度、链接粒度。站点粒度的典型链接研究如网站影响力或重要性评价[87];页面粒度的典型研究如网页重要性研究,知名算法如PageRank、HITS;块级粒度相关研究主要有页面信息抽取辅助、页面类型判断、页面重新排版布局[88]及主题爬行中的候选链接优先级计算[89-90]等,此外也有研究者提出基于块级粒度的PageRank等算法[91],Lin等[92]将页面进行分块,将页面之间的链接转化为块之间的链接,并利用HITS算法计算了各个块的重要性;链接粒度的典型相关研究如主题爬虫中的候选链接优选,以防止爬取过程中的主题偏离并提高爬取效率。实际上,上述4个粒度往往并不是完全隔离的,例如,熊忠阳[89]、黄仁[90]等采用网页分块以提高主题爬行效率。上述4个粒度中,站点粒度过于粗糙,链接粒度则太过细致,页面粒度中由于页面广告链接等各种非主题链接的日益多样化而变得极易受干扰,影响分析效果,这就决定了对块级粒度的链接研究具有特殊的意义。例如,陈军等[93]针对经典的主题爬取算法Shark-Search在爬取噪音链接较多的Web页面时性能并不理想的问题,提出了基于网页分块的Shark-Search算法,该算法从页面、块、链接的多种粒度来更加有效的进行链接的选择与过滤。实验证明,改进的Shark-Search算法比传统的Shark-Search算法在查准率和信息量总和上有了质的提高。

对链接块进行研究的一个重要前置内容即Web页面分块,但对Web页

第6章 基于区块树的Web页面链接块的识别方法

面进行分块或抽取的方法众多,且划分标准并不统一。相关研究人员将Web页面的抽取方法总结为基于Wrapper、模板、机器学习、视觉布局特征、HTML特征等5类[94]。此外,Caponetti提出了利用模糊神经网络实现页面分块的方法[75],Pasternack[95]提出了称为MSS的页面分割方法,经试验得到了比知名的VIPS[96]算法更好的结果。对于这些方法应根据具体应用需求进行选择,且实际应用中,一般都会综合使用多种方法,如Fan等[88]即先利用DOM[62]进行分析得到所需节点,然后使用视觉特征进行优化所需文本;Peters等[97]先利用DOM对页面进行分块,然后使用机器学习的方法进行内容抽取;Mehta等[96]同时利用视觉特征和内容信息对页面进行分割。虽然综合使用多种方法一般可以取得更好的效果,但是同时采用的方法越多,程序复杂性也将越高,并且面对海量而又复杂多样化的Web页面时程序健壮性更加脆弱。Web页面块的重要性研究也引起了部分研究者的关注,Song等[98]基于页面布局和内容信息对页面块重要性进行了研究,Fersini等[99]研究了页面Image块的重要性并基于此进行页面分类研究。

经过对早期文献中相关方法的分析总结可知,目前对Web页面链接块进行发现识别的最主要方法是基于标签树[100-103],且标签树往往是基于DOM而构建;其他各种方法往往是以HTML标签树或DOM为基础[83-84],例如知名网页分块算法VIPS即是如此。但上述这些方法并非专为页面块级元素提取而设计,部分方法实现过于复杂,部分方法解析计算消耗过大,有些方法则效果欠佳。本章综合考虑多方面的因素后,采取自行实现标签树的解析,并以此为基础构建区块树。

对Web链接块的判别方法较为单一,主要考虑的指标即块中所包含的链接文本(见下文定义)长度和所有文本长度的比值[90-104],或者块中非链接文本长度与文本长度的比值[105],通过比值与预先设定的阈值的大小关系判断是否为链接块。其核心思路为:设某个待判定块中链接文本长度为L_{link},所有文字长度为L_{total},阈值为$t(0 \leqslant t \leqslant 1)$,则可用如下表达式来进行判断:

$$m = \frac{L_{link}}{L_{total}} \quad (0 \leqslant m \leqslant 1) \tag{6-1}$$

当$m \geqslant t$时,则表明该块可能为链接块,否则可能为文本块。m值越大,表明为链接块的可能性越大。

上述判断思路存在4个突出问题:其一是仅考虑了链接文本与所有文本的长度比值而忽略了块中文本的绝对长度,因为相当一部分网页中主体文本块中存在相当篇幅的链接,这种情况在部分链接资源分享类型网页中尤其普遍。其二是忽略了非链接文本的部分特性,例如日期、数字、未加链接的信息来源标注文字以及一些特殊符号等。而在很多的链接块中,链接前面或者后面都存在着大量的其他非链接内容,这种现象对链接块的准确判别造成了极大的干扰。如图6-1所示,该代码片段是某真实网页链接块的代码片段,从图中可见,该链接块中日期和信息来源标注文字均未加链接,经计数可得:链接文字长度为35,非链接文字长度为36,即非链接文字占所有文字的50%以上。其三是该判别方法在全部文本长度不足够长时,对链接文本的长度极其敏感,即某个阈值在某些使用短链接文本的页面工作良好,但遇到使用长链接文本的页面时极有可能误判。不同网站或不同网页的链接文本长度差别大是极其常见的现象,这给准确性带来极大的不确定性,例如在下面某网页的代码片段中,倘若链接文字变得更短些,则很可能将该链接块误判为非链接块。其四是忽略了链接数。

```
< ul class="mtacomment txtbox">
……此处省略若干类似下面的项……
<li><a href='URL4' target="_blank">毕业了我们住哪儿?先找工作再租房</a><em>搜房网综合整理/2013-06-07</em></li>
<li><a href='URL5' target="_blank">毕业生租房季:租房七大问题不容忽视</a><em>搜房上海租房网/2013-06-03</em></li>
</ul>
```

注:上述代码片段中真实URL已被分别替换为URLn等,其他均保留原样。

图6-1 可能被误判为非链接块的代码样例

针对上述方法的不足,曹冬林等[106]基于链接文本与文本比值和文本量提出了有效信息率和有效信息量的概念,并基于此进行块类型判断。其核心思想可以表示为如下表达式:

$$I_{\text{valid}} = \log_2 \left(2 - \frac{L_{\text{link}}}{L_{\text{total}}}\right) \tag{6-2}$$

$$i_{\text{total}} = I_{\text{valid}} \times (L_{\text{total}} - L_{\text{link}}) \tag{6-3}$$

上式中I_{valid}即有效信息率,I_{total}为有效信息总量。I_{valid}越大且I_{total}越大则表明为链接块的可能性越小。该判别方法与上述判别法的本质区别在于考虑了文本的总长度,而不仅仅是链接文本与文本的长度比值,从而也就意味着解决了上述四个问题中的第一个问题,但仍然没有考虑其他四个问题。此外,Zhang[107]则提出了块类型判断的四个特征:HTML标签类型数、段落数、每段平均词语数、每段平均链接数。然后通过训练获取包含这四个特征值的向量,进而实现块类型判断,但面对纷繁复杂的网络,这里所设计的四个特征通用性欠佳。Vineel[103]还提出了利用熵来辅助判断节点类型的方法。

本章基于现有链接块相关研究的不足,提出了比较系统化的解决方案:首先提出区块和区块树的概念,提供了区块树构建的方法,并基于此设计了四项链接块判别指标及两项结果评价指标,最后提出两种对区块树进行遍历判别的方法思路,并通过三组实验对两种遍历策略进行了验证,实验结果显示链接块的识别易于控制,效果良好。

6.3 方法及原理

6.3.1 基本概念

为了后文表述方便,首先定义如下 5 个概念。

定义 1. 标签块。即一个 HTML 标签所包含的所有内容。在 DOM 树中,恰好对应着一个节点的所有内容。标签块可能用于在浏览器中呈现,或者其他作用。例如有可能用于配合脚本,在适当的时机才呈现,或者一直都处于隐藏状态。

定义 2. 区块。也可简称块,在 HTML 代码中,通过 Block 级标签或者等同作用的标签所界定的区域。区块既包含该区域中的用于在浏览器中向浏览者呈现的内容,也包括不直接用于呈现而仅用于对呈现内容进行修饰控制的 HTML 等代码。虽然 Span 属于 Inline[108]级标签而不属于 Block 级标签,但是可以通过 CSS 控制 Span 的显示样式,将转化为与 Block 级标签具有相同的显示特性,对于类似这一类标签所界定的区域,也属于区块,这种现象在实际的 Web 页面中是存在的。目前关于 Web 页面分块研究的相关文献中,对这种由 Inline 级标签转化而来的块鲜有提及。区块按照区块中的内容形式可以粗略分为文本块、链接块及其他区块,若按照功能则一般可以分为菜单导航块、目录导航块、版权声明块、中心文本块、广告块、主题相关链接块等。

定义 3. 区块树。一种以区块为构成单位,将 Web 页面以类似标签树形式进行表达的树结构。即在区块树中,其叶子节点都是区块元素,而不会将其继续细分为其他 Inline 级元素。

区块树的构建方式,可以是直接对 Web 页面以任意可行的方式进行解析,这种方式相对标签树的解析更为快捷,但是这种解析一般难度较大,需要考虑 Web 标记中各种不规范性和复杂性;最为简单的一种方式即对标签树进行修剪操作,因为这样可以利用现成的标签树构建工具,减少工作难度,但该种方法效率并不高,由于篇幅有限且该问题也并非本章的重点问题,故不再赘述。本章利用自行实现的标签树,对于标签树中每个分支的非 Block 级的叶子节点(即图 6-2 中标注为 1 的叶子节点),将其逐个去除或者予以标记,这样一轮修剪后,将会出现新一轮的叶子节点(即图 6-2 中标注为 2 的节点),继续对这些叶子节点进行去除或者标记。上述过程持续进行,直至该标签树的所有叶子节点都是区块元素为止,即最终仅剩下图中标注为 Block 的那些节点,这样即可完成区块树的构建,如图 6-2 所示。区块树比标签树更为简洁,其解析和构建过程的工作量及难度比标签树小得多,且在保留着 Web 页面的骨架结构的同时,块级粒度的元素也不会丢失太多的 Web 页面内容细节,基本可以满足常见的各类相关应用要求。

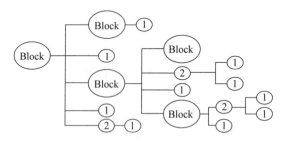

图 6-2 区块树的构建

定义 4. 链接文本。也可称锚文本,即在 Web 页面的 HTML 代码中处于<a>和</a>之间的文本。不包含其间的非文本内容,如不包含其中的 HTML 代码。

定义 5. 普通文本。也简称纯文本,即在 HTML 代码中,处于 HTML 标签区域之外、而又不在<a>和</a>之间的所有文本。

对于上述两种文本类型,其长度计算规则相同。具体而言,其长度计算遵从如下规则:①英文等字符以单词为统计单位,即一个单词长度计为 1。如果若干连续英文字符不构成单词,其长度也将计为 1。②中文等字符以单个字为统计单位,即一个汉字长度计为 1。③数字以一个完整数字为统计单位,即一个完整数字长度计为 1,例如"珠穆朗玛 8844"的长度计为 5,因为计算时不会把"8844"这个完整数字切分为"8""8""4""4"四个数字。④日期和时间字符串以日期和时间整体为统计单位,即一个完整日期时间串长度计为1。但需要注意日期的多种可能的表达,如日期串中可能有"年""月""日"等字样,也可能没有;年月日三部分之间的顺序;年月日之间串接字符(-、\等)。例如"今天是 2014 年 1 月 28 日"的长度计为 4。⑤标点符号与汉字统计规则一样,但是若相邻的若干个标点符号相同,则长度只计为 1。此外还有一些特殊情况:数字中的千分位分割符、英文中的连接符等。不过这些一般不会造成本质影响,故可不予考虑。通过上述文本长度计算规则的引入,可解决前述 4 个突出问题中的第 2 个问题。

6.3.2 链接块的判别

基于前述所定义的概念和长度计算规则,给出链接块的描述和判别如下。

设区块树为 p 层,区块树中区块数为 n,各层区块数分别为 $n_1, n_2, \cdots, n_p$,区块元素记为 $\text{Block}_m^i (m = 1, 2, \cdots, p; i = 1, 2, \cdots, n_m)$,其中 m 表示该区块元素在区块树中的层级(设区块树中 body 标签的层级为 0),i 表示该区块元素属于第 m 层的序号,则 $n = \sum_{i=1}^{p} n_i$。需要指出的是,在实际的链接块识别过程中,根据 Web 页面组织特点和实际需求,可以跳过某些层级的区块树,例如在下文所述的正向算法实验中,可以将上文的 m 从 2 或 3 开始取值。

设区块 Block_m^i 中链接数为 CLink_m^i,普通文本的长度为 $L\text{Text}_m^i$,链接文本长度为 $L\text{Link}_m^i$。若该区块同时满足如下条件:

$$\text{CLink}_m^i \geqslant T_{\text{count}} \qquad (6\text{-}4)$$

$$L\text{Text}_m^i < T_{\text{ltext}} \qquad (6\text{-}5)$$

$$\frac{L\text{Text}_m^i}{\text{CLink}_m^i} < T_{\text{tcRatio}} \qquad (6\text{-}6)$$

$$\frac{L\text{Link}_m^i}{L\text{Link}_m^i + L\text{Text}_m^i} \geqslant T_{\text{laRatio}} \qquad (6\text{-}7)$$

其中,T_{count} 为链接数阈值,T_{ltext} 为纯文本长度阈值,T_{tcRatio} 为文本长度与链接数比值阈值,T_{laRatio} 为链接文本长度与文本长度比值阈值,且 $0 \leqslant T_{\text{laRatio}} \leqslant 1$。则该区块称为链接区块,简称链接块,并将这样的一组阈值条件设置记为 $S(T_{\text{count}}, T_{\text{ltext}}, T_{\text{tcRatio}}, T_{\text{laRatio}})$。上述 4 个阈值可以由领域专家根据经验和具体应用需求和场合确定,也可以根据应用需求和场合,利用机器学习相关理论和方法在监督或者无监督的条件下通过学习而确定,并且,在应用过程中可以根据具体情况对其中的部分条件进行弱化或者舍弃。显然，$T_{count} \geqslant 1$，在链接块判别过程中，若是基于标签树进行链接块识别，则该值一般应该设置为 3 甚至更大，若是基于区块树进行，则一般可以设置为 2 或者 3，甚至设置为 1 亦可；该值越大，链接块的判别越严格，反之则越宽松。T_{ltext} 是一个链接块所能容忍的最大纯文本长度，既可以设定为一个定值，也可以设定为一个不定值，例如可以设定 $T_{ltext} = \max(T_{ltext}^0, T_{tcRatio} \times CLink_m^i)$，其中 T_{ltext}^0 为人工确定的阈值。可根据具体要求选择，但是无论如何设定，单一的判别指标都不免误判。T_{ltext} 与 $T_{tcRatio}$ 关系极为密切，在很多情况下，仅考虑后者即可，但是在某些情况下是不得不考虑前者的。$T_{laRatio}$ 越大，则链接块的判别越严格，反之则越宽松。$T_{tcRatio}$ 越小则链接块的判别越严格，反之则越宽松；当该值取 1 时，意味着只有纯粹的链接块，即只有链接文本而无纯文本的区块才可成为链接块，当该值取 0 时，则意味着该区块是纯粹的文本块，即链接数为 0。可见，通过调整上述 4 个阈值，则可以初步实现文本块的识别。对介于文本块和链接块之间的区块，则统称为其他区块。

从上述 4 个条件可见，上述判别方法中，第 1 个判别条件的引入，解决了前述 4 个突出问题中的第 4 个问题；第 2 个条件的引入则解决了第 1 个问题；第 3 个判别条件的引入，主要是考虑单个链接平均对应的普通文本长度，而不再单纯地考虑所有文本的长度，从而可以避免前述第 3 个问题。

6.3.3 链接块识别的评价

由于链接块的识别与多种因素相关：链接块识别分析的目的、链接块粒度要求、区块树构建的合理性与准确性、原始 Web 页面代码规范性、原始 Web 页面设计规范性等。代码错误、嵌套凌乱、设计拙劣的 Web 页面是难以实现绝对准确的自动化解析其标签树或者区块树的，这一点不难从目前各知名浏览器对同一 Web 页面经常做出不同的呈现这一现象得到印证。事实上无论是不知名的小网站，还是由大公司维护的门户网站，里面都充斥着各种错误代码，诸如标签不嵌套、标签交错、标签不封闭及其他多种千奇百怪的错误比比皆是。若 Web 页面代码规范，或者能够正确地自动修正代码中的错误，则标签树或者区块树可以正确地构建，这种情况下的链接块基本可以维持 100% 的识别率。然而不同的链接块识别目的下，往往有不同的链接块粒度要求，所以难以给定一个普适的评价标准，具体的评价标准应依具体目的而定，本章并不讨论链接块的某个具体应用，这就决定了链接块识别不宜使用通常的准确率作为评价指标。如图 6-3 所示，若仅仅从导航的目的来说，可以将其整体作为 1 个链接块即可；若需要链接块粒度稍微"细腻"，则也可以将其分割为上下 2 个链接块；但若要求对链接块的划分更细致，则可以将其划分为 3 个链接块（上部 1 个，下部 2 个）。此外，若链接块识别分析的目的还涉及提取特定链接块（例如 Web 页面中与主题内容相关的链接、广告链接等），以链接块识别辅助文本块识别提取，以链接块计算 Web 页面的重要性或权威程度，以链接块计算页面之间的相关性等，则在这些不同目的下，对链接块的划分粒度不尽相同。

图 6-3　链接块识别时的粒度

鉴于此，本章仍使用第五章提出的链接块识别分割评价指标，链接覆盖率和代码覆盖率。

$$\text{链接覆盖率 LCR} = \frac{C_{\text{BlockLinks}}}{C_{\text{PageLinks}}} \tag{6-8}$$

$$\text{代码覆盖率 CCR} = \frac{L_{\text{Block}}}{L_{\text{Page}}} \tag{6-9}$$

其中，$C_{\text{BlockLinks}} = \sum_{m=1}^{p} \sum_{i=1}^{n} C\text{Link}_m^i$，表示包含在所识别的链接块中的链接总数，未被标记为链接块的区块链接数计 0，$C_{\text{PageLinks}}$ 则指 Web 页面中的链接总数；$L_{\text{Block}} = \sum_{m=1}^{p} \sum_{i=1}^{n} L_{\text{Block}_m^i}$，表示所识别的链接块代码长度总和，未被标记为链接块的区块长度计 0，L_{page} 表示 Web 页面代码长度。在研究文本块识别抽取过程中，代码覆盖率可以用于评价噪声去除效率。

需要指出：上述两个指标只是评价链接块的两个最基本指标，在具体的应用时，应该确定更为具体、针对性更强的评价指标。

6.3.4　链接块的发现

链接块的发现过程，也即 Web 页面的分块及判别过程。Web 页面的分块方法较多，但其中最为成熟、影响最为广泛的方法是基于标签树的方法。

本节基于区块树阐述链接块发现的算法思路,命名为**正向链接块发现算法**(Forward Algorithm for Discovery of Link Block,下文简称"正向判别法"),如图 6-4 所示,椭圆代表节点。该处节点即对应上文的区块,若将其视为标签块,同样可行,但是 Inline 级别的标签块不可能成为链接块,故在实际中,若只判断区块则算法效率将大大提升。

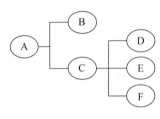

图 6-4　正向判别法

采用正向判别法时,其判断准则为:①从父节点往子节点方向、从上往下进行判断。②若某个节点被判别为链接块,则其子节点及更深层次的节点都不再判断,但其兄弟节点仍需继续判断。可见,正向算法的判断的准则是尽可能"粗略"。例如,若 A 为链接块,则其他节点都无须判断;若 C 为链接块,则判别路径为 A→B→C,此后不再判断;若 A、C 均非链接块,则判别路径为 A→B→C→D→E→F。另外,在实际过程中,可以根据具体需要选择判断的开始层级,例如若希望结果更为精细,则对区块树层次较深的 Web 页面,可以选择从区块树的较深层次节点开始进行,而对区块树层次较浅的 Web 页面,则从区块树的较浅层次节点开始进行。以图 6-4 为例,若 $m=1$,则所得到的链接块数为 1,若 $m=2$,则所得到的链接块数为 2。将上文中的 4 个阈值条件与本判别法中的开始层级 m 合并记为 $S(T_{count}, T_{ltext}, T_{tcRatio}, T_{laRatio}, m)$。

链接块在 Web 页面中起着至关重要的作用,且往往根据功能而进行模块划分,从而给用户提供最佳的用户体验或者给运营者提供最大的运营价值。对网站运营方而言,各个链接块都有其各自的存在价值,而对各种不同需求的用户(用户不一定狭隘的只是指代人,也有可能是运行在网络上的各种应用)而言,有些链接块极具价值,如文献[91-92]中基于链接块而改造的 PageRank、HITS 算法,而其他一些链接块则成为噪声。限于篇幅,本章仅讨论链接块本身,而不对各种不同功能链接块的识别或作用等作深入研究。

6.4　实验设计及结果分析

6.4.1　实验目的

下述实验的目的是验证并比较上述所提出的链接块发现算法的有效性,在区块的基础上利用上述链接块判别法进行判别并验证其有效性,根据实验结果分析总结算法的特点,并对其典型应用做了简要的分析说明。

6.4.2 实验方案

本章实验的原始 Web 页面由程序采集,最终实验数据为 4656 条,由两部分构成:人工筛选 2240 篇、随机抽取 2416 篇。其中人工筛选的 Web 页面数据来自于 40 家国内知名门户网站,如网易、新浪网、中国新闻网、中华网、凤凰网、腾讯网、人民网等,每个门户站点均选取 16 个索引页(即门户首页或者各子频道首页)和 40 个内容页;随机抽取的页面中含有 368 个索引页和 2048 个内容页。在筛选内容页时,尽量使得选择的页面涵盖多种类型,如既有长篇幅的页面也有短篇幅的页面;既有纯文字的页面也有视频图片的页面。

由于涉及的参数较多,限于篇幅无法对所有的参数组合的实验数据进行分析,故本节仅挑选如下三组实验。

三组实验均是利用正向判别法对上述数据进行实验分析,统计该算法所获取的链接块数目及链接块中所包含链接的覆盖率。第一组实验是在正向判别法下,通过调整正向判别的开始层级 m,设置的 10 组参数为:$S(2,0,15,0.15,1), S(2,0,15,0.15,2), \cdots, S(2,0,15,0.15,10)$。在逆向判别法下,主要通过调整 T_{count} 和 T_{mark},试验各参数对实验的影响。其中第二组针对 T_{mark} 的 10 组实验参数为:$S(2,0,15,0.15,2), S(2,0,15,0.15,4), \cdots, S(2,0,15,0.15,20)$;第三组针对 T_{count} 的 10 组实验参数为:$S(1,0,15,0.15,10), S(2,0,15,0.15,10), \cdots, S(10,0,15,0.15,10)$。上述第二个参数设置为 0 表明在判别中对该参数不予考虑。

需要指出的是,下文图表中的数据均是取平均值,在实际试验过程中发现也有不少 Web 页面相关指标与平均值存在较大偏差,例如博客中国(www.blogchina.com)虽属于随机抽取的数据组,但链接数方面它并不比人工数据组中的页面链接数少,相反却远多于知名的门户网站首页所含的链接数,其他方面的反例也很多,下文如无必要,不再逐一说明。

6.4.3 实验结果与分析

1. 正向判别中 m 对链接块识别的影响

正向判别中 m 的取值在一定程度上决定着链接块的粒度,同时也是从侧面反映了 Web 页面信息组织的宏观层次结构。m 值越小,意味着判别得到的链接块层级将尽可能的低,即链接区块更大。相应地,该链接块在区块树中越接近区块树的根部,它包含更多子链接区块的可能性也更大,包含的子链接块数目也将更多。可以想象,在 Web 页面链接总数一定的情况下,链接块粒度越大,总的链接块数将越小;反之粒度越小,总的链接块将越多。不过由于 Web 页面链接块并非处于同一层级,往往根据页面信息组织安排的需要进行着适当嵌套;并且在实际的 Web 页面中,虽然对嵌套层次并无统一的规定和限制,但是实际上也不存在着极其深的嵌套,Web 页面的所有链接正是分布在这些不同的嵌套层次中。当 m 值越小,所获取的链接块将更大,链接块数目将越小;随着 m 的增大,链接块逐渐减小,链接块的数目将逐渐增多;与此同时,m 的增大,也将导致处于 $[1, m-1]$ 层级区间中的链接被遗漏,所以这也就决定了当 m 增大到一定程度时,链接块的数目将减小,而链接块中链接的数目也将减小,即链接块趋于"精细化"。这一点与实验结果一致,如图 6-5 所示。其中,下标 m、r、a 分别表示人工组、随机组、全部数据相应的指标。

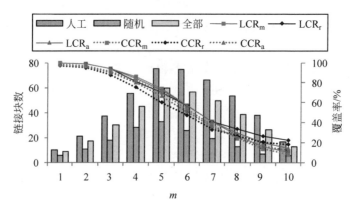

图 6-5 m 对链接块识别的影响——索引页

从图 6-5 中可见:①当 $m=1$ 时,链接块的数目很小,一般在 10 以下,这就表明,Web 页面在信息组织的过程中,浅层组织较为简单,这与实际情况基本一致。在实际的 Web 页面中,顶部是网站标题 Logo 块(例如含网站 Logo、设为首页、加入收藏、顶部广告等),其下面是菜单导航块,底部为版权声明块(如版权声明、联系信息、备案信息、网站统计信息等),而中部则根据网站规模的不同将有不同的区块。②链接块的峰值出现在 $m=5$ 时,高位区间是[4,8]。这表明 Web 页面中的链接块更多的分布在区块树的第 4 层至第 8 层,尤其以第 5、第 6 层最多。③链接覆盖率和代码覆盖率均随着 m 的增大而降低,即随着 m 的增大,被遗漏的链接数将会越来越多,相应的链接覆盖率和代码覆盖率也将下降。且从 $m=6$ 时开始,链接覆盖率和代码覆盖率都在 50% 以下,从 $m=10$ 时开始,链接覆盖率和代码覆盖率基本都处于 20% 以下。这也就表明,Web 页面中有近一半的链接在区块树第 6 层及更深的层级,而当达到区块树第 10 层时,链接数将只有页面链接总数的 20% 以下;而又因为所处层级越深的链接块往往也将更"精细",更"纯粹",无关的干扰信息更少。从此可以推测,对大多数大型网站而言,若希望获得较为精细的链接块,从区块树第 6 层左右开始判别将会是个不错的选择;反之若希望获得大小适中的链接块,则可以选择在区间[3,5]进行。④人工组 Web 页面的链接块明显高于随机组,但链接覆盖率和代码覆盖率则相差无几。这也就意味着,人工组所选择的门户网站 Web 页面比随机组中的更大,更复杂,含有的链接信息更丰富,这是由门户网站的定位所决定的,它们需要展示的信息远远多于一般的地方门户、学校、政府、企业等。链接覆盖率和代码覆盖率的无差异性则说明了无论 Web 页面的复杂性或大小如何,其宏观结构和对信息的组织规律却是基本固定的。⑤经过对去除链接块后剩余的部分代码的检测,链接块识别的准确率为 100%。可见,在正向判别法中,其较为"粗放"式的处理方式,能极好地解决传统基于标签树解析严重依赖于代码规范性这一局限。

另外,针对内容页的实验结果同样验证了上述结论。不过与索引页不同的是,针对内容页的数据表明:①内容页中的链接块数目远小于索引页,只有索引页链接数的 1/3 左右。这是显而易见的,内容页中部是用来组织文本信息的。②内容页中的链接块高位区间为[3,7],与索引页有所偏离,这是由于内容页中部为文本块所致。从此也可以推断,索引页比内容页的链接块分布偏深一些正是由于索引页中部大篇幅的链接块所致,因为索引页与内容页往往在顶部和底部是差别不大甚至是一样的。③内容页数据的链接覆盖率和代码覆盖率曲线不及索引页的平滑。这是由于内容页中包含大量的文本,而文章所在的嵌套层次往往较深,在层级变动时,大篇幅的文本块使得这种变动不再"连续",而是"跳跃式"或者"离散"的。对于包含短文本的内容页而言,其变化与索引页类似,表现为光滑递减曲线。④由于在内容页中,页面的文本内容往往嵌入在较深的层次,这也就意味着,当从文本内容所在区块的层级逐渐往浅层扩展时,文本与链接在量上的博弈将使文本逐渐走向弱势,并最终可能在某一层次上变得微乎其微。而正向判别法的判别方向是从浅到深,也即区块的从大到小,这就决定了倘若开始层级 m 设置的偏小,则将导致文本块被淹没在链接之中,从而导致将同时含有大量链接和文本的混合区块被判别为链接块。实验数据证实了这一点,并且经实验发现,当 m 取值为 1 或 2 时,文本块被误判的可能性极大,而当 $m=3$ 时,这一状况得到改观,常规篇幅的文本都能被正确地得到分离。

正向判别的优势在于:由于其获得的链接块往往较为"粗糙",所以无须遍历整个区块树的所有节点,只需要在区块树的浅层遍历即可,其速度很快。虽然可以通过增大开始判别的层级 m,但是不同的 Web 页面宏观嵌套深度不同,无法确定一个普适的 m 值,这也就决定了若希望获得较为精细的链接块,不宜采取正向判别策略。

2. 同一域下的链接块及相关特性

在实验数据中,有一部分内容页是人工从国内若干门户网站挑取的,经过对这些处于同一域下的 Web 页面链接块判别结果进行分析,我们发现:在同一域下的同类型 Web 页面(如 news.163.com 下的文本内容页面)虽然拥有的链接数量一般不同,但拥有的链接块数量却基本完全相同,链接覆盖率也相差无几,代码覆盖率则可能存在着明显差异。分析表明,引起这一现象的原因在于:同一域下的 Web 页面拥有相同的宏观结构及基本相同的嵌套层次,这也就决定了链接块数目的相同或相近。虽然各个 Web 页面由于文本块中所含链接数不同而导致链接总数不同,但由于这部分链接数相比于其他部分而言显得微乎其微,这就是虽然链接数不同而链接覆盖率却很接近的原因。代码覆盖率则受文本量的影响显著,不同的文本量将导致代码覆盖率的不同。

另外,我们还发现:倘若将同一域下的同类型 Web 页面中的链接块都去除,然后将文本也去除,最终剩下的框架式内容基本一样,这也正是很多基于模板的 Web 页面数据抽取分析中的模板原型,对其稍作处理,即可成为抽取模板;并且由于链接块分析的自动化,表明本章所提出的链接块识别为 Web 页面信息抽取模板自动化生成提供了一种新的途径。

6.5 结论

本章提出了区块树及相关概念,并基于此提出了链接块判别的若干指标和链接块研究的两项基本评价指标,同时结合区块树提出正向链接块判别基本的区块遍历和判别方法。实验和分析表明:正向判别法识别速度快,链接块粒度大,可以应用于对索引类型 Web 页面的分析研究;通过设置合适的正向判别开始层级参数 m,也可以将其应用到 Web 页面文本抽取相关研究中。本章所提出的区块树作为 Web 页面分析处理的基础,结合所提出遍历和判别法,可以广泛应用 Web 数据预处理及数据挖掘等领域,更好的或者针对其他不同应用的遍历判别法也值得后续进一步研究探索。

网络舆情分析应用篇

第7章 舆情分析技术应用典型案例

7.1 在外温州籍智力人群回归问题研究

一直以来,温州以"温商""温州模式""炒房炒楼""中小企业主跑路"等驰名浙江省内外甚至国内外。与此相应,温州本地的官员专家学者甚至全国范围内的专家学者的研究也基本都集中在上述这些主题方面,温州政府部门的不少正式会议、研讨会议、政策制定等同样也是围绕着这些主题展开。针对在外"温州籍智力人群"的研究则极为少见,这一方面是由于以前该问题本身并未引起广泛的注意,另外一个极为重要的方面在于缺乏相应的数据支撑。本研究利用所掌握的相关数据采集、分析、挖掘处理等技术,从海量的互联网数据中获取了大量的相关数据,并从中识别出在外的温州籍学者专家。

基于所采集的数据,探讨了温州籍智力的地域分布、专业分布、出生年代分布、各个县市智力资源情况、温州典型专业的年代变迁,并基于这些基础性数据进行了一些基本分析,继而对其进行了关联分析,例如地域与专业分布的关联关系、籍贯分布与专业分布的关联关系、出生年代与专业分布的关联分析、专业分布与温州企业行业分布等。最后,总结了智力人群关注的一些重要因素,并基于此给出了一些在外温州籍智力人才引进和回归的参考性建议。

7.1.1 引言

本章节中所述的温州籍智力人群是一种较为狭义的概念,具体而言,主要是指工作于高校、科研等机构的人员以及博士生身份的学生,另有部分硕士由于无法追踪后续工作单位,故也纳入了部分硕士身份的人员。通俗地讲,本节的温州籍智力指在高校和研究机构从事某个领域专业化研究的人员。但本节数据不包括工作于温州本地的温州籍智力人群。

数据抓取过程中,共计抓取分析页面数为 96 717 297,共计抽取相关数据约 28 036 条,经过清洗,并经过人工校对,去除温州籍古代人员、或已去世近现代人员、或不属于所定义的智力人员、被错误识别的非温州籍人员,最终剩余 1437 人。前期已经进行一些初步分析,并获得一些有意思的结果,获得了媒体的广泛关注。本章在对前期数据进行增删完善修订的基础上进行了更为全面的分析。分析将从三个方面来展开。

7.1.2 基本数据分布方面

基本数据分布单纯地建立在几个基本的数据字段上,即地域分布(分为国家级、省级、市级三级分布)、出生年代分布、专业分布、籍贯分布,但不涉及各个字段之间的关联关系。由于本章数据的特殊性——智力人群,故在外温州籍智力的分布情况也从侧面反映了国内各地的教育发达程度、教育资源分配等情况。

1. 在外温州籍智力人群的地域分布

在外温州籍智力人群的地域分布,既有与其他城市的共性特征,也有其较为特殊的个性化特征。从国家级的分布情况来看,温州籍智力人群主要分布于美国、英国、日本、加拿大和意大利等国家。美国作为全球数量最大的智力输入国,聚集了全世界各地最为优秀的智力人才。正因为这一重要因素,成就了美国在当今世界科技界的绝对领导地位。温州也不例外,温州海外智力人群绝大部分都在美国。加拿大作为美国的邻邦,因而具有较大的外来智力吸引力也不足为奇。英国是老牌的欧洲强国,其对世界各地智力的吸引力自然也不会小。日本作为中国的邻邦,自 20 世纪 60 年代末经济腾飞以来,在科技、经济、教育等各个方面都取得了不俗的成就,吸引了与日本邻近的中国智力人才也属正常。意大利作为温州籍商人及劳务输出人员的海外聚集地,相比较而言,温州籍智力人群却较少,更多的是普通的劳务人员。

与海外不同,国内的数据获取和语言分析等相关技术较为便利,相关数据也相对较多。按照常规的地区分布结果如图 7-1 所示。华东经济、科技发达,拥有上海、杭州等一线城市,这些城市不但对早期各个年代的温州籍智力人群具有吸引力,即使对目前在温大学毕业生仍然具有极大的吸引力。华北拥有北京、天津两大城市,尤其是北京吸引了大量的温州籍智力人才。东北作为传统的重工业区,目前已有所衰落,西北在国人心中则一直是偏僻之地,难以吸引人才、留住人才,这也不足为奇。

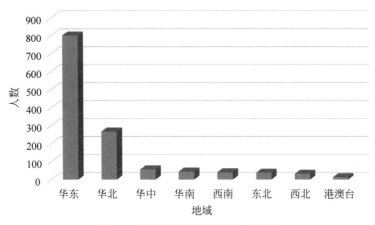

图7-1 温州籍智力人群的地域分布

国内温州籍智力人群主要分布于东南沿海,如浙江、上海、江苏、广东、福建等省市。此外,北方主要集中于首都北京,中部则集中于湖北、湖南等省份。或者也可以说,温州籍智力人群主要分布于长三角和珠三角地区。这些既是国内经济最为发达的地区,也是科技、教育较为发达的地区。第二层次主要为陕西、四川、黑龙江等省份。在经济、科技教育欠发达地区则很少,例如西藏、宁夏、贵州等省级区域。在上面这些温州籍智力人群分布较多的省份,上海、北京、江苏、湖北、广东、湖南都是高校林立、教育水平相对较高的省份。浙江和福建虽然名校寥寥,不过温州地处浙江,邻接福建,因而也吸引了较多的温州籍智力人才。另外一个典型的省份为江西。虽然江西与浙江相邻,不过由于江西缺少知名的高校,且高校数量也不多,因而对温州籍智力人才的吸引力极其有限。

若期望获得更为细节的数据,则应从市级分布来进行分析。在外温州籍智力人群的市级分布情况如下:

整体上,在外温州籍智力人群主要分布于杭州、北京、上海、南京、广州、武汉、长沙、厦门、天津等城市。其中,杭州、北京、上海三城市的分布远远高于其他城市。杭州既有地利之便,也有省内最好的浙江大学、浙江工业大学等高校。上海与杭州类似,兼具地利之便和复旦大学、上海交通大学、同济大学等众多国内顶级高校。北京虽然与温州相隔甚远,但北京是首都城市,同时兼有国内最为知名的清华大学和北京大学等高校以及中国的"巨无霸"科研机构——中国科学院。还有一个重要的因素,这些城市不仅高校众多,高科技相关企业数量也极为庞大,这些都是吸引智力人才的重要因素。其他的一些城市中,例如:南京、武汉、长沙、广州都拥有较多的"985"高校;厦门既拥有"985"高校,同时拥有邻近温州的地利优势;天津既是名城,也拥有南开大学、天津大学等名校,同时另外一个重要的因素是其邻近北京。

在省内,主要集中于杭州、金华、宁波。其中,杭州作为浙江省的省会城市,拥有浙江最多的高校,同时也拥有省内唯一的一所"211"和"985"高校,所聚集的温州智力远多于其他城市。金华、宁波作为同省城市,且在省内拥有除杭州之外最好的几所高校,因而聚集了相对较多的温州籍智力人才。

在西部则主要集中于重庆、成都、西安、兰州、昆明等城市。其中重庆为直辖市,其他几个城市也是西部几个知名的省会大城市,同时也是西部几个拥有"985"或者较多"211"高校的城市。

在东北则主要集中于哈尔滨、长春、沈阳、大连等城市。其中,大连为知名的海滨城市,其他则为东北三省的省会城市,三个省会城市中,尤以哈尔滨聚集的温州籍智力最多。

香港对温州籍智力人才的吸引力也不小,这与其特殊的地位以及香港有众多的国际名校是分不开的。近年开始施行的香港高校面向大陆招收高考生,以及与内地的学术交流合作的日益增多,都是这一现象不可忽视的决定性因素。可以想象,香港以后可能会吸引更多的温州籍智力人才。

从上述市级分布结果可见,温州籍智力人群的分布基本取决于3个要素:

(1) 城市的地位。即城市为首都或省会城市或经济发展较好的城市(如厦门、深圳、大连、青岛等)。这些城市经济、科技、教育发达,对智力人才的吸引力极其重要。

(2) 城市的知名高校、科研院所和高校数量情况。城市中有"985"高校或较好的"211"高校或者众多高校。"985"和"211"及中科院一方面吸引了众多优秀的科研教学人员,同时也吸引了大批的优秀学生,而这些在知名高校和科研院所毕业的优秀学生,毕业后也更容易在同城或附近城市的高校中留下来,从事相关领域的专门研究,成为领域内拥有专业技能的高级智力人才。

(3) 地理位置。即城市离温州的距离或者交通便利程度。

此外,作为个体,每个人在选择其工作居住地时,除了会考虑上述因素,还会有其他多种考量,如工资和房价、后代成长环境、亲人的意见、气候环境情况等,不过这些难以通过数据来分析,故不作展开。

2. 在外温州籍智力人群的出生年代分布

在数据采集的过程中,采集的对象主要集中于 20 世纪,后期对数据进行了较为细致的自动化和人工清洗,除了极为少数的年龄缺失外,其他年龄基本都已确认,总体误差控制在 2 岁以内。

年龄分布曲线可以用于评测宏观的年代环境对智力人才的影响,若能结合更为广泛和细致的相关年代的各项政策,则可以评价各项相关政策的有效性。

对于图 7-2,可以从如下几个方面来解读:

(1) 1920—1935 年处于上升态势,这一方面是由于自然因素——年龄所造成的。另外一方面,这也应该与当时处于一种相对和平的环境有关,在此期间,在政治、经济、基建、文化、教育、社会政策、边疆民族政策、外交、军事等各方面都取得了一定成就,整体为近代中国较高水平。

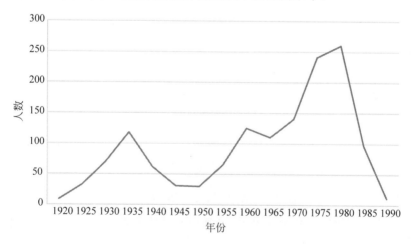

图 7-2 在外温州籍智力人群的出生年代分布

(2) 1935—1947 年间迅速下降(由于分析过程中,对于出生年代的处理是按 3 年为一个时间单位的,故可能由于对某些历史事件发生年份的不准确分割,造成时间起止的偏差)。理论上讲,这期间出生的目前年龄在 70～80 岁,理应远多于 1920—1935 年间的人数,但现实情况是不增反降。不难推测,在这期间最大的抑制因素即是始于 1937 年的抗日战争,以及随后的解放战争。战争造成了全国性的流离失所甚至是不少人失去生命,同时也彻底破坏了大环境,从而也就导致了智力人才的衰减态势。

(3) 1947—1953 年,这期间基本持平。

(4) 1953—1962 年,这 10 年,随着中华人民共和国的成立,整体处于和平大环境,各项建设逐渐开展,人口相应地也大幅增加。没有了战争的影响,人口迅速增长,智力人才的成长环境的修复,造就了建国初期人才成长的黄金 10 年,这段时间也是"一五"和"二五"的核心时期。

(5) 1962—1974 年,整体处于停滞阶段。局部则呈现先降后升的态势。这期间由于存在不少家庭的破碎和人员大量的非正常死亡,这些都在一定程度上影响了人口的增长,从而也就导致智力人才脱离了常规的增长态势。

(6) 1974—1980 年间,整体呈现大幅增长。该阶段人们对知识的渴求度空前高涨,对后代的培养意识和精力都在恢复。另外由于 20 世纪 70 年代末开始的改革开放,70、80 年代及以后出生的人接受教育的机会也逐年增加。温州处于沿海地区,是重点经济区,改革开放的前沿阵地,视野开拓性和勇于闯荡的个性都处于全国前列。诸多的创业经历也让温州的老一代认识到了知识的重要性,在和平而又以经济建设为中心的年代,对子女的教育做出了极大的付出。故在这一期间的在外智力数量比往年都有了大幅度的增加。

(7) 1980 以后,从曲线上来看,虽然是下降趋势,这主要是因为 80 及 90 年代的两代人,尤其是 1986 年以后出生的整体仍然处于起步阶段,还未能在相关专业崭露头角,因而呈现整体的下降。

3. 在外温州籍智力人群的专业分布

本节根据所抓取数据的专业描述,对所有人员进行了专业分类,由于不少专业不可避免地存在部分重叠,也有些人员从事多个领域的交叉研究,统计的结果如图 7-3 所示。

从图 7-3 可见,在外温州籍智力人群的专业主要集中在医学心理(包括医学和心理学,其中医学比例远大于心理学)、计算机、财经(包括经济和金融两个主要专业领域)、管理、生物、电子、工程、教育、艺术(包括书画等多种艺术)、化学、农林(包括农业、林业、园艺等)、机械、法学等。

第7章 舆情分析技术应用典型案例

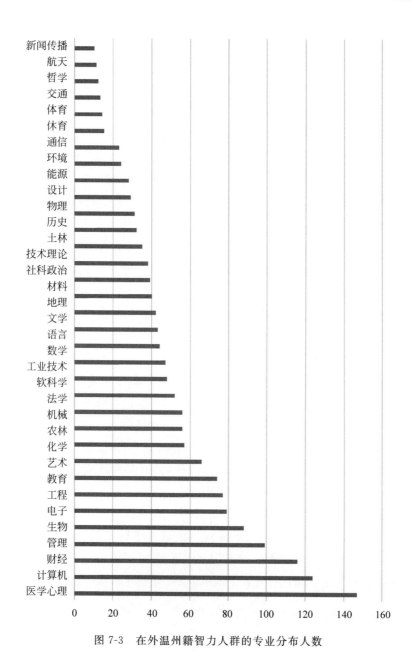

图 7-3 在外温州籍智力人群的专业分布人数

其中医学比例大的一个原因在于,不少医学类院校都有相应的附属医院,这些人员中不少都具备双重身份,既是医生也是教学科研人员,由于无法完全区分其具体工作,故一般都纳入了统计对象。另外一个原因可能是受比较传统的思想影响,即认为医生这个职业稳定,无论时势环境如何变化,无论何时何地,都需要医生这个职业,既有利于自己及家人,也有利于更广泛的其他人群。最后一个可能的原因是温州本地有历史较为悠久的温州医学院,这一点也应该会对本地人员的求学阶段学习兴趣及专业选择产生一定的影响。

计算机专业在相当长的一个时期内,几乎就是高新技术的代名词。从计算机真正进入社会应用领域开始,随着社会的发展,它已经成为人们不可或缺的工具,因计算机产生的众多学科也受到许多智力人士的青睐。

改革开放和以经济建设为中心的高层政策,掀起了前所未有的经济建设热潮,相应地,高校经济相关专业的招生量和教学科研人员队伍也同步增加。股市等金融领域的蓬勃发展,高薪和不少的传奇故事,都催生了金融专业的迅速发展。温州是改革开放的前沿阵地,温州人的敢闯敢创的务实精神,以及老一辈在世界各地闯荡所积累的经验和真实感受,使他们真实体会到了知识的重要性,这其中他们感受最为直接和实用的两项专业知识就是经济和金融了。这些应该是财经专业人数较多的一些主要因素。

在遍地都是家族式企业、中小企业的温州,在由传统企业向现代化企业转型的过程中,自家的人员更容易获得信任,尤其是家族企业,管理人才的极度缺乏,自然会催生对管理专业的渴求。

21世纪是生物的世纪,这是20世纪相当长一段时间内的世纪性口号。正是这句口号,使得全国相当大数量的学生进入了这个被认为最为"坑爹"的专业。在目前国内生物类公司普遍是一种代理销售公司的现实情况下,生物专业的学生除了进入科研教学领域,很少有更好的就业选择了。

4. 在外温州籍智力人群的籍贯分布

本节中籍贯标记为温州的,一般是无法确定具体市区县的,温州所管辖的任意市县区的人员都有可能标记自己为温州,另有少量青田、玉环等地的人员,由于行政区域调整,本次并未将他们纳入统计范畴。另外,由于不少人员的籍贯地标记为温州,无法准确地区分他们的具体地域归属,若不进行处理,则三区的人数太少,故本节的处理方式是:将籍贯为温州的所有人员按照2∶8分布到下属县市和3个区。其中3个区按照已明确标识的人数比例进行分配。值得一提的是,个人观点认为,籍贯标识为温州的,应该更多的其实为鹿城人氏。

在外温州籍智力人群的籍贯主要集中在瑞安、苍南、瓯海、乐清等地。洞头、文成、泰顺等地则明显少很多。从院士籍贯来看,也没有院士是这三个地区的。温州籍智力人群集中地都是现代轻工业比较发达的地区,经济条件好,和外界交流多,对新知识接受度都相对较高,相对具有开创性和大局观(不局限于本地区发展)。相应地,这些地区往往也有着相对更为出名和教学质量出众的初高中,为温州籍智力人才的培养提供了优良的条件和环境,从而不论是智力人数或者顶级智力人数都格外突出。

而另一方面,上述几个温州籍智力人群较多的地区,其人口总数也排在相对前列的位置,如瑞安、苍南、瓯海、乐清等地。而人口基数大也会使高智力人群基数增大,所以在外温州籍智力人群的籍贯分布也可大致说明温州人口的籍贯分布,这与温州各地的实际人口分布基本吻合(由于鹿城、瓯海、龙湾三区的人数无法准确处理,故此处统计时,只统计下属的市县),其中瑞安和苍南的智力人群比例明显高于其人口比例,永嘉则相对较低,具体如图7-4所示。

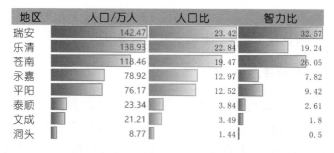

图7-4　温州人口分布情况

5. 温州籍智力人群姓氏前十位

一直以来,姓氏文化是一个备受关注的主题。最为经典的如《百家姓》,即使在当下,仍然有专门的研究人员研究整理百家姓相关材料。针对姓氏的排名结果如图 7-5 所示。

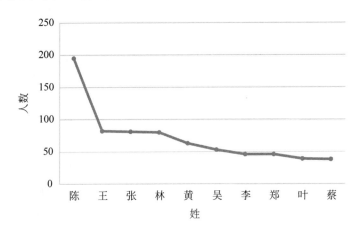

图 7-5 温州籍智力人群姓氏前十位

从图 7-5 可见,陈姓智力人群最为庞大,不愧为温州第一大姓氏。典型的智力人才如中科院院士陈式刚、法学家陈光中等;王、张为全国普遍性的大姓氏,王姓典型的如中科院院士王克明;张姓典型的智力人才如中科院院士张淑仪和工程院院士张超然等;吴姓典型的智力人才如浙江大学校长吴朝晖等;李姓也是全国普遍的大姓氏,典型的智力人才如中科院院士李邦河、李启虎以及工程院院士李大鹏等;郑姓典型的智力人才如中科院院士郑晓静等;叶姓典型的智力人才如美国国家科学院院士叶公杼等,蔡姓典型的智力人才如美国机械工程师协会院士蔡亦钢等。

6. 温州籍顶级智力——院士情况

院士在科技界、高校和科研院所等几乎所有领域都拥有极大的影响力。各个高校和科研院所几乎在其各种推介场合都首打院士牌,院士的数量代表了一个高校的科研实力和影响力,是各个高校和科研院所争抢的对象。同样,也可以很容易地联想到一个地区的院士数量代表了该地区的教育氛围或教育传统。

在本次数据采集和分析的过程中,获取了部分温州籍院士名单,具体如表 7-1 所示。

第7章 舆情分析技术应用典型案例

表 7-1 部分温州籍院士名单

姓名	类 型	籍贯	生	卒	专 业
蔡亦钢	美国机械工程师协会院士	温州	1954		机械工程
陈式刚	中国科学院院士	鹿城	1935		理论物理学
戴金星	中国科学院院士	瑞安	1935		石油天然气地质学和地球化学
方国洪	中国工程院院士	瑞安	1939		海洋潮汐、海洋环流和海洋数值建模
谷超豪	中国科学院院士	鹿城	1926	2012	数学、物理
姜伯驹	中国科学院院士	苍南	1937		数学
金振民	中国科学院院士	龙湾	1941		地质构造，岩石流变
李邦河	中国科学院院士	乐清	1942		数学
李大鹏	中国工程院院士	永嘉	1950		中药制药学
李启虎	中国科学院院士	温州	1939		水声信号处理和声纳设计
沈志勋	美国国家科学院院士	鹿城	1962		物理
施立明	中国科学院院士	乐清	1939	1994	细胞生物学
苏步青	中国科学院院士	平阳	1902	2003	数学
孙大业	中国科学院院士	温州	1937		细胞生物学
孙义燧	中国科学院院士	瑞安	1936		天文学
王克明	中国科学院院士	乐清	1939		离子束与固体相互作用及材料改性
王兆凯	美国国家工程院院士	瓯海	1932		农业工程
伍荣生	中国科学院院士	瑞安	1934		大气动力学
伍献文	中国科学院院士	瑞安	1900	1985	动物学
夏鼐	中国科学院院士	鹿城	1910	1985	考古学
徐遐生	美国国家科学院院士	永嘉	1943		天文学
杨焕明	中国科学院院士	乐清	1952		基因组学
叶公杼	美国国家科学院院士	永嘉	1947		生物物理学
詹锦岳	国际亚洲医学研究院荣誉院士	乐清	1950		中药
张超然	中国工程院院士	鹿城	1940		水利水电工程
张淑仪	中国科学院院士	龙湾	1935		光声学
张肇骞	中国科学院院士	温州	1900	1972	植物学
郑晓静	中国科学院院士	乐清	1958		风沙地貌和风沙灾害
郑振铎	中国科学院院士	温州	1898	1958	考古、作家
钟顺时	美国纽约科学院院士	瑞安	1939		电子工程

从表 7-1 可见,1950 年以后出生的院士数量占 16.2%。在世的院士数量为 70.3%。院士中数学专业占比 24.3%,远高于其他专业。院士籍贯主要集中于乐清、瑞安、永嘉、鹿城等地。

7.1.3 关联性综合分析

对于智力人群而言,其专业虽然不会一成不变,但是从广泛的意义上说,多数人的专业是不会有太大的变化,即使有变更,一般也会在相近或类似的专业中跳转。也就是一个人的最终专业定位,虽然不能精确地反映其最初的专业选择,但是从统计意义上应该能反映出其最初的专业选择。另外,从总体上讲,一个人的专业选择取决于两大要素:一是其最初成长阶段的生活环境;另外一个就是即将确定专业方向时的社会大环境。其中前者是微观层面的要素,通俗地说,就是一个人从小的成长环境,每个人所亲身经历的、耳濡目染的过程细节,即使对同一时代的两个人,一般也不会是一样的;后者则是特定时代下的大背景,几乎对所有人是一样的,尤其是其专业基本定型阶段的时代大背景。此外,介于上述两者之间,还存在着一种特殊的局部化的环境因素,例如某些城市,或某些特别的地域有一些特别的传统,这样的影响是局部的。

下面主要讨论在外温州籍智力人群的专业与其他因素之间的关联关系,并且讨论主要是针对后者因素进行的。

1. 在外温州籍智力人群的地域分布与专业分布

国内与国外,国内各个区域之间的发展均不平衡,这种不平衡体现在诸多方面。本节根据地区(东北、华北、华东、华中、华南、西南、西北、美国)对专业进行统计,拟通过专业分布的不同从智力人才方面来对这种不平衡性做简要的概览。下面将挑取几个重要的地区、省份进行重点说明,其他地区则仅给出简单的文本描述结果并做简要说明。华东地区的温州籍智力人群专业分布结果如图 7-6 所示。

华东地区聚集了最多的温州籍智力人群,因而华东地区温州籍智力人群的专业分布在一定程度上基本代表了整个温州籍智力人群的专业分布情况。另外一方面,各个地区温州籍智力人群的专业分布也在一定程度上体现了该地区的专业优势。由此可见,华东地区的主要专业为医学、计算机、财经、生物、管理、艺术、电子等。华东知名高等学府拥有几所知名的医学

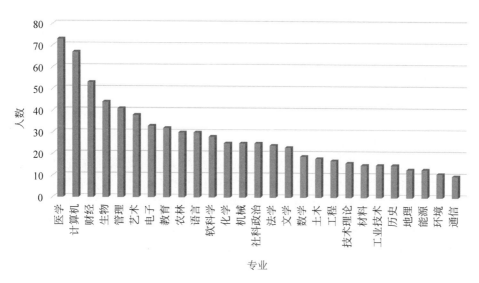

图 7-6　华东地区的温州籍智力人群的专业分布

院或者附属医院,吸引了不少医学人才;对于科技、经济、金融处于国内超级发达的华东地区,计算机、财经、管理、电子处于优势地位理所当然,例如对于国际金融中心的香港,温州籍智力人群的优势专业也是财经。值得一提的是,艺术在华东地区处于较为靠前的位置,此外在华北(基本集中在北京),艺术同样处在极为靠前的位置,可能的原因就是:在现在这个物欲横流的时代,艺术需要无忧的经济支撑。故而在其他非经济发达地区,艺术普遍处于较为偏后的位置。

东北地区是传统的重工业基地,机械制造是重工业不可或缺的,并且东北也有国内最为知名的工业高校——哈尔滨工业大学。西北则以电子为龙头专业,原因也很明显,西北地区坐落着中国最为知名的两所电子类高校——西安电子科技大学和(成都)电子科技大学。与国内情况不同,在美国的温州籍智力人群专业则以传统的基础专业为主,例如医学、物理、生物、数学等。这从一个侧面说明了美国基础研究的先进性,相反,中国的基础研究则较为落后,与我们平常的直觉经验一致。正因为基础研究的落后,在一定程度上也导致了上层应用研究的落后。

以下是几个典型地区的温州籍智力人群专业排行榜情况(由于各地区数据总量不一致,故排行榜也不一样;另外,下文凡是用顿号间隔的,表明排名相同)。

东北：机械、医学；化学、教育、土木。

华北：财经、医学；艺术；计算机；法学；工业技术、生物；管理；软科学；文学。

华南：计算机；医学。

华中：医学。

西北：电子。

西南：工业技术；管理。

美国（由于网络访问限制及语言的问题，故美国的数据抓取量相对较小，但是所抓取的都是有极大国际影响力的代表性人物，因而分析的结果也极具有代表性。）：医学；物理；生物；数学；化学；计算机。

下面从几个典型城市的角度分析温州籍智力人群的专业分布。北京、上海、杭州三市的温州籍智力专业分布如图7-7～图7-9所示。

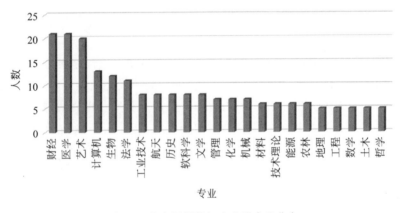

图7-7 北京温州籍智力人群专业分布

通过对比上述3个城市及其他城市的温州籍智力人群专业分布情况，可以初步得到如下结论：

（1）一线城市经济、金融发达，因而财经都是较为热门的专业；由于这些城市相应的也存在数量庞大的企业基数，因而也存在数量众多的大中型企业，故管理专业是热门专业。

（2）凡是一线城市，医学几乎都是热门专业。

（3）只有在经济发达城市，艺术才有可能成为排名靠前的专业；温州籍艺术人员主要分布于北京和杭州，同为一线城市的上海却很少，这可能与两个城市的艺术院校及艺术相关研究机构数目相关，例如北京有中央美术学

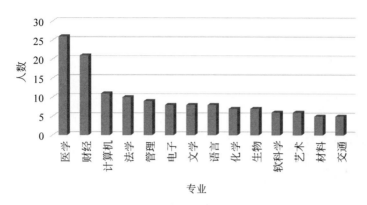

图 7-8 上海温州籍智力人群专业分布

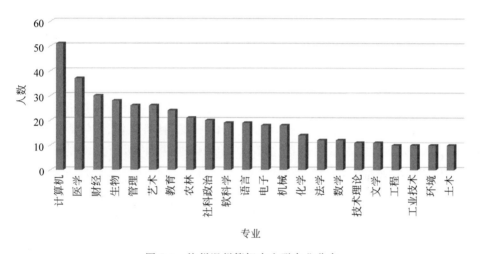

图 7-9 杭州温州籍智力人群专业分布

院,而杭州有中国美术学院,杭州、北京分别承担着南北的艺术中心城市的角色。更深层次的原因,也许与城市的历史和沉淀相关,有待专业人员进行研究。

(4)一线城市科技发达,信息化程度高,计算机专业都是排名靠前的专业。

2. 在外温州籍智力人群的籍贯分布与专业分布

前文讨论的是在外温州籍智力人群当前工作所在地域的专业分布情况,下面讨论的是在外温州籍智力人群籍贯的专业分布情况。考虑到各个县市区人员总数的问题，本部分仅绘制温州、乐清、瑞安、苍南（此处数据只统计温州市三个区，不包含下属县市）四个地区的专业分布图。其中温州本地籍智力人群专业分布如图7-10所示。

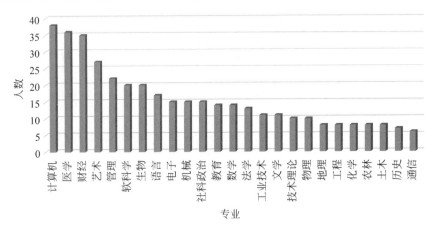

图7-10　温州本地籍智力人群专业分布

从图7-10可见，温州市区的温州籍智力人群专业主要为计算机、医学、财经、艺术、管理、软科学、生物、语言、电子、机械、社科政治、数学等。计算机虽然出现年代相对较迟，但是能在比较有限的年限内吸引大批量几乎各个年龄层次的研究人员加入其阵营，据此可粗略推测计算机专业的实用价值高，其应用范畴也广。选择计算机专业的一个可以想象到的较为必要的条件，就是中学阶段甚至以前接触过计算机，家里有经济条件担负起计算机相关支出，例如购买个人计算机、安装网络等。虽然并无全国性的数据，但据此基本可以断定：对全国绝大多数计算机为排名靠前专业的地区，该地区的经济水平绝不会很低。

至于医学、财经和管理排名靠前，原因如前文所分析，医学应该主要是受传统观念及当地的大环境所影响。财经和管理则主要是因为温州老一辈在全国乃至全世界闯荡所积累的阅历以及温州遍地分布的中小企业以及家族企业发展所需而推动的；财务和管理在一个现代化企业中是不可或缺的，占据着举足轻重的作用。

艺术方面，这个应该是温州的一个特色，不会是普遍现象。古代温州，名人辈出，具有深厚的文化底蕴，传承数百年的"永嘉学派"是一个地域特征极为鲜明的学派，在历史上产生了极为深刻的影响。"永嘉学派"不仅在思想、文学上为整个民族留下了宝贵的精神财富,在书画等艺术上同样也为温州奠定了基础并营造了浓郁的艺术氛围。此外还有谢灵运等知名古代学者同样如此,号称"永嘉九先生"之一的许景衡也兼具深厚的书法功底。与此相关的文学专业,在各专业排名中,也是较为靠前的。

电子和机械方面,应该主要由两个因素所贡献。首先是电子相关技术的实用性,在全国范围内都具备一定的吸引能力,其次一个极为重要的可能原因就是温州电子行业是龙头行业,大规模企业数量众多,在当地人心目中有一种先入为主的专业优势,正如前述的医学专业一样。作为温州下属两个人口最为密集的县市,乐清和瑞安既有相同之处,也有一些区别。同时,乐清和瑞安也都与温州有所区别。乐清、瑞安和苍南的智力专业分布分别如图7-11~图7-13所示。

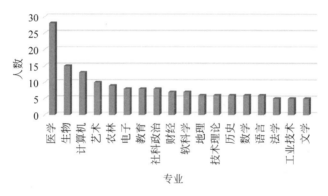

图 7-11　乐清温州籍智力人群专业分布

在主要的专业方面,乐清与温州相比,相差不大。例如,在这两个地区,医学、计算机、艺术、生物、电子、社科政治等仍然是热门专业。不过若从各自专业的相对值来看,乐清的医学处于一枝独秀的地位,乐清的计算机专业是远低于温州的;乐清的财经专业也远少于温州。此外,乐清的化学专业相较温州、瑞安而言,也是极少的。

与乐清同为温州下属县级市的瑞安市,医学、生物、计算机、农林等仍然是热门专业。但是与乐清不同的是,瑞安的财经、化学、机械、能源、材料等专业数量更多,这么看来,与目前瑞安的三大主导行业,即汽摩配、机械电子、高分子合成材料基本匹配。此外,相比较而言,瑞安还有几个较为与众不同的现象,例如瑞安籍智力人群的土木专业较为突出,这在温州其他地区是较为少见的一个现象;瑞安的航天专业也是格外突出的一个专业。文学

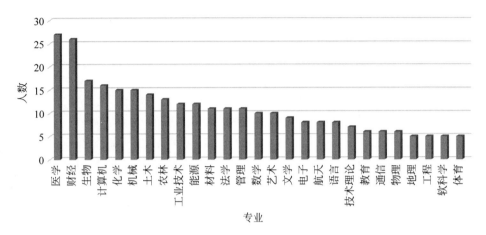

图 7-12 瑞安温州籍智力人群专业分布

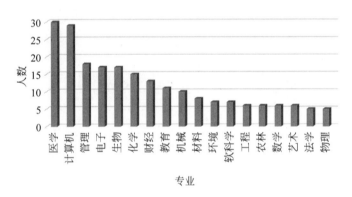

图 7-13 苍南温州籍智力人群专业分布

和艺术都有较大的智力人群,彰显了瑞安深厚的文化底蕴,虽然文学和艺术同样也是乐清的排名靠前的专业,但是绝对数量上却远小于瑞安。

苍南县近年发展异常迅猛。与温州、乐清及瑞安对比而言,也有相同的排名靠前的专业,如医学、计算机、管理、财经、化学、电子等。但是与前述3个地区相比,苍南在文学艺术方面明显较低。

前述4个地区(三区两市一县),聚集了温州约80%的人口。其他的5个下属县(平阳、永嘉、文成、泰顺、洞头)仅占20%的人口,相应地,这5个地区的温州籍智力人群比例也小得多。下面仅选取永嘉做简要说明。永嘉温州籍智力人群专业分布如图 7-14 所示。

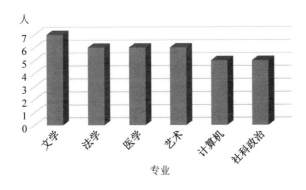

图 7-14 永嘉温州籍智力人群专业分布

除了与前述几个地区相同的医学、计算机外,永嘉温州籍智力人群的主要专业是文学、艺术、法学和社科政治等。或者也可以这么说,永嘉籍智力人群主要集中在人文社科领域,理工领域则较少。这有可能与永嘉的人文传统有关,例如是否受到当初主要以永嘉籍为主导的"永嘉学派"的历代先贤的影响?

3. 在外温州籍智力人群的出生年代分布与专业分布

随着时代的发展,社会在发展,经济在发展,社会环境在变化,技术在变迁。所有这些体现在智力人群身上,就是温州籍智力的专业变迁情况。从一定程度上可以这么说,智力人群的专业选择,从一定程度上体现了时代的脉搏,是不同年代社会发展过程中人们思想观念的反映。温州籍智力人群的典型专业随年代(20 世纪 20 年代—80 年代)的变迁情况如图 7-15 所示。

从图 7-15 可见,整体来讲,多数专业都处于上升的趋势。其中上升趋势最为明显的当数计算机专业。由于计算机在世界上是从 1950 年才正式出现,在国内出现的时间更晚,1930 年出生的智力人员就有转向计算机的了,这正反映了计算机专业曾经的魅力(当下可能仍然存在魅力),吸引了众多优秀的其他专业人员投入计算机专业研究。此外,医学、财经、生物等专业也是上升趋势极为明显。不过,从该图中也可以看出,各专业人数在 40—50年代处于低谷,正如前文所述,主要原因应该是由于当时的连年战争导致的。需要特别指出的是,70—80 年代多数专业处于下降趋势,但这并不能说明真实情况也是下降的,可能的原因正如前文所述,不少 80 年代出生的温州

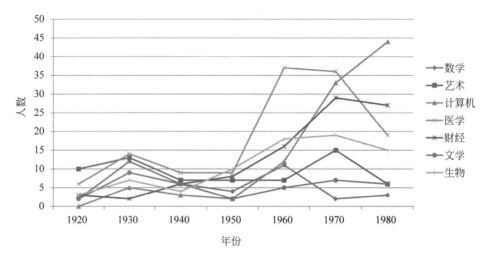

图 7-15 温州籍智力人群典型专业变迁

籍智力人群还未完全成长起来。正由于这个问题在 90 年代更为严重,故此处并未将 90 年代纳入统计分析对象。

从图 7-16 可见,数学专业在 20—60 年代处于较为稳定的偏高位置,但是从 60 年代以后,数学开始急剧下降,从此可见,温州的"中国数学家之乡"正是由 20—60 年代出生的一批数学家支撑起来的(由于更早的温州籍数学家基本都已逝世,故此处并未统计,可以肯定,20—60 年代的一批数学家和更早的一批数学家带动下,才形成了这么一种学数学、重视数学的氛围)。

但如今这种优势似乎正在削弱。与数学专业相反,温州籍智力人群的艺术专业则基本长期处于一个较高位置,并且仍然处于上升势头,与艺术十分接近的文学专业则一直处于较为稳定的态势。不过由于各个年代不同的时代背景影响,导致智力人群总数不同,故基于同一份数据,在考虑人群总数变化这一因素的情况下,采用了如式(7-1)的处理方式:

$$f(x) = \frac{1000x}{T} \tag{7-1}$$

其中,x 表示某专业在某个年代的人数;T 表示相应年代的智力人群总数。

基于上述处理方式,就排除了各个年代智力人群总数这一因素的影响,更容易看出各个典型专业的变迁情况。经过这种方式处理后的结果如图 7-16 所示。

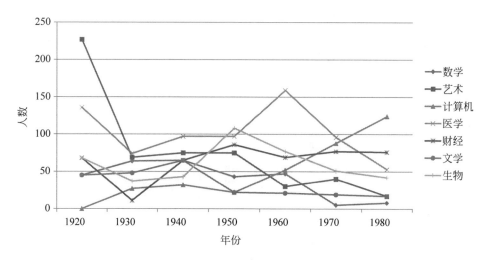

图 7-16　温州籍智力人群典型专业变迁（相对情况）

从图 7-16 可见，计算机仍然是整体上处于上升趋势，医学从 60 年代开始有所下降，不过由于 80 年代人群较为年轻的原因，还难以得到其后期的真实演化趋势。财经专业则维持了较长时期的稳定。生物专业与医学一样，整体也是处于下降趋势。相对而言，数学的下降趋势较为严重，艺术虽然看似也在下降，但比数学的下降趋势稍微缓和一些。文学也处于下降趋势中。

与图 7-15 中多数专业的上升不同，在图 7-16 中，可以看到除了计算机专业，大多数的专业都处于下降趋势。然而这并非真实的情况。主要原因在于，该图体现的是一种相对情况，这些专业中，很多专业的下降，并非是真实下降，而是由于随着时代的发展，社会分工的细致多样化，各种新型的专业不断涌现，这些新出现的专业，吸收了不少新生代智力人群。正是这些新专业的分流作用，才给人一种不少经典传统专业下降的一种错觉。

总体而言，在外温州籍智力人群的出生年代分布与专业分布也是中国社会、教育及科技发展规律的体现。在 60 年代以前，在外温州籍智力人群选择最多的还是艺术、医学、财经、数学、化学等传统热门学科，因为当时处于社会较为动荡的时期，整个国家在科技和思想等方面较为封闭，普遍落后西方国家，人们的意识还以传统学术专业为主。从 60—70 年开始，随着社会的逐渐稳定和国家重心慢慢转移到以经济建设为中心这一基本原则上来，国家大力发展经济和贸易，提出"科技是第一生产力"，温州经济也处于蓬勃发展中,敢于创新、乐于创新的温州人开始闯荡全中国甚至全世界,视野变得更为开阔,专业开始多样化,以适应社会经济与科技各项发展所需。具体而言,温州各个年代的智力专业分布情况分别如图 7-17～图 7-22 所示。

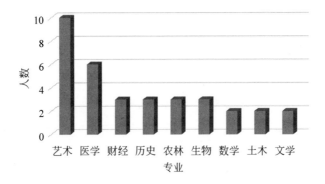

图 7-17　20 世纪 20 年代温州籍智力人群专业分布

20 年代由于整体人群偏少,因而基本主要集中在少数几个专业。例如艺术、医学、财经、历史、数学等专业。虽然这个年代健在的温州籍智力人群偏少,但是这些智力都是对后面相关学科发展起着举足轻重作用的智力人才。其中不少是两院院士,或者资深教授,或者知名学者。

30 年代的数学、化学、能源、航天、农林、土木等极为突出。这一批智力人群专业定型应该基本是在 50—70 年代。从此可见,这段时间社会已对化学、能源、航天、农林、土木等方面的人才提出了需求。中国举世瞩目的航天或相关方面的不少成就正发生在这一时期。

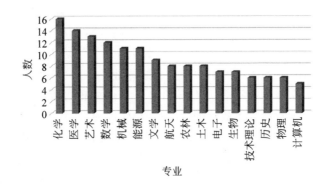

图 7-18　20 世纪 30 年代温州籍智力人群专业分布

另外，通过对比也可以看出，这一时期也是 60 年代之前的一段黄金时期，这一时期的不少智力人才，正是后来新中国的科技支柱。

40 年代人才凋零，专业基本集中在少数传统专业上面，与此相似，50 年代的情况同样如此：智力人群少，专业分布集中。另外，从该时代开始，各种与工业技术相关的专业开始崭露头角。

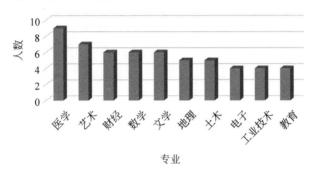

图 7-19　20 世纪 40 年代温州籍智力人群专业分布

从 60 年代的智力人群开始，智力人群数量发生了极大的变化，专业也相应的更为多样化。例如，管理、计算机、材料、软科学等相关专业开始进入专业排名的前列。在这一阶段，计算机专业迅速发展；而医学专业空前壮大，远高于其他专业；文学专业则逐渐没落。温州籍智力人群的特色强势专业——数学，仍然处于不错的排名。个人认为，数学专业能有如此排名，应该主要得益于温州局部的环境（即前文所述的局部化的环境因素，不同于全国性的时代大背景）。而其他更多的专业，则应该是由于社会化、工业化程度的提升，对工业化相关专业人才的需求剧增，社会的宣传定位、处在特定环境下的舆论环境都会对智力人才的专业定位起到不可忽视的作用。

20 世纪 70 年代出生的这一代，成长于 70—80 年代，长成定型于 20 世纪 90 年代至 21 世纪初期。这期间，国内社会趋向平稳，整个国家政策转移到全面以经济建设为中心上来，社会经济高速增长，工业化程度迅速提高，社会分工更为细致多样化。改革开放的进行，增强了国内外文化、科技等各个方面的交流；而且随着医疗科技的发展，人的寿命也在大幅延长。在此阶段，温州籍智力人群也是迅猛增长，专业更加多样化，一些紧跟时代脉搏的专业如雨后春笋般破土而出，而部分专业则发展得尤其快速。这期间发展最快的要数计算机专业。医学、财经、管理相关专业则继续保持领先优势。

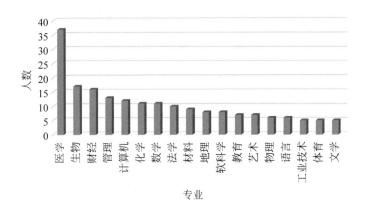

图 7-20　20 世纪 60 年代温州籍智力人群专业分布

最后值得一提的是,在此期间,温州籍智力人群的特色优势专业——艺术仍然保持着不错的排名,另外一个温州籍智力人群的特色优势专业——数学则开始没落。

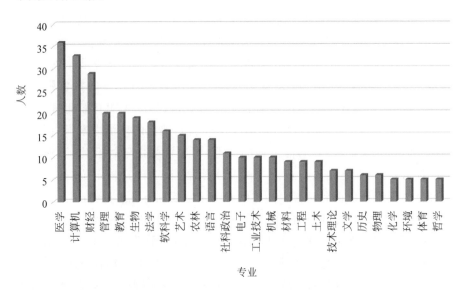

图 7-21　20 世纪 70 年代温州籍智力人群专业分布

20 世纪 80 年代的智力人群,计算机专业更为突出,也成为各个专业的领头羊。而此前一直领先的医学专业则似乎有步入下坡路的趋势,然而实际却不一定如此,主要原因可能在于医学领域的耗时比一般的专业更为长久,因而其数据应该有一定的滞后性。但无论如何,基本可以确定80年代出生的这一代,计算机超越医学、财经等传统强势专业,成为第一大温州籍智力人群。从该阶段开始,相比较而言,温州籍智力人群的第二大特色专业——艺术也开始呈现没落的迹象。至此,从相对的角度而言,温州籍智力人群的两大特色专业都逐渐没落,这不仅有时代大背景因素的影响,同样也有个人成长环境的影响。当然若横向对比其他城市,则不能如此断言。

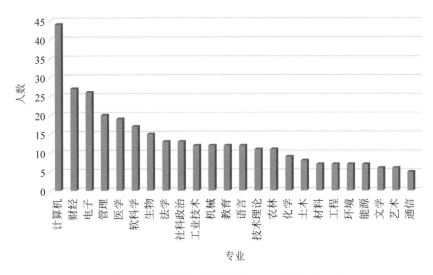

图 7-22　20 世纪 80 年代温州籍智力人群专业分布

4. 在外温州籍智力人群的专业分布与温企分布

对在外温州籍智力人群的回归研究,无法避开对在外温州籍智力人群的专业分布与温企分布的对比研究。本节拟对温州籍这两类典型的人群对比探索研究,找到其中可能存在的一些关联关系,并以此为突破点,为后续实现这两个人群的对接,从而为温州政府及本地企业引进智力作铺垫。

与前文一样,此处仅挑选几个较为典型的县市进行说明。其中乐清热门行业如图 7-23 所示。

从图 7-23 可见,目前乐清的主导产业是电子、电气行业,虽然在专业曲线上可见电子排名靠前,但是绝对值却不是太大,也就是从此处难以看出乐清的中国电器之都地位,这也有可能是乐清电子、电气类大企业(或者整

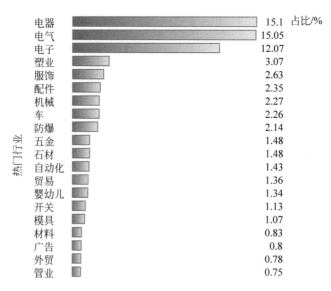

图 7-23 乐清热门行业排行榜前 20 位

行业)起步并不是太早。据此可以推断,乐清的电子行业快速发展的时间应该不早于 20 世纪 80 年代。

若从引进智力人才的角度,技术方面,乐清可以优先考虑电子、计算机、机械、技术理论、工业技术相关专业的智力人才。企业运营管理方面,则可以引进财经、管理方面的智力人才。

瑞安企业的热门行业如图 7-24 所示。瑞安以机械、配件、塑业、包装、材料等为主要行业,这些恰好对应着瑞安三大支柱行业,即汽摩配、机械电子、高分子合成材料。从瑞安籍智力分布来看,计算机、机械、化学、工业技术、材料、电子都有着不错的排名。这是一个值得欣喜的现象,为实现瑞安籍智力人群与瑞安企业的对接提供了天然优势。至于企业的运营与管理方面,仍然优先考虑管理、财经等方面的智力人才。

苍南企业的热门行业如图 7-25 所示。从图可见,苍南的主要行业有工艺品、塑业、包装等和材料相关的行业。从苍南籍的智力分布来看,化学、材料等相关的专业排名尚可。另外,作为"中国礼品城""中国印刷城"的苍南,对艺术专业智力应该有不少需求,这方面苍南籍的艺术人才可供其选择,并以适当方式引进。

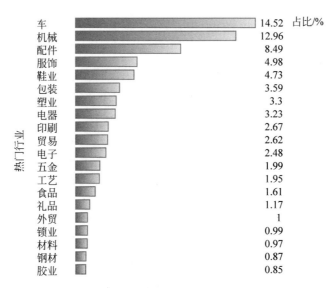

图 7-24　瑞安热门行业排行榜前 20 位

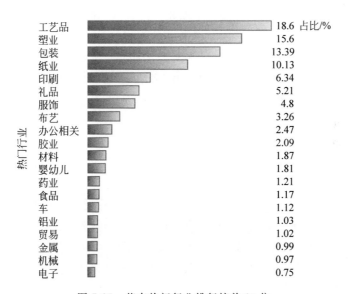

图 7-25　苍南热门行业排行榜前 20 位

7.1.4 在外温州籍智力人群引进与回归建议

1. 基本概念

为了下文对智力引进相关表述的方便,先引出3个概念。

(1) 硬性引进:被引进人员的人事关系、社保、户籍等完全迁入某地,并在该地全职工作。

(2) 柔性引进:在不改变人员的人事、户籍、社保等关系的前提下,被引进人员可以通过在线、短期驻地等方式来为某地提供技术、智力相关的指导、服务。

(3) 间接引进:不必拘泥于在外温州籍智力人群实实在在的回归,通过与一些人员或相关机构建立各种各样的合作或者关联关系,从而能利用这些有影响力的在外温州籍智力人群完成对在温人员的直接或间接的培训,这些被培训人员在该培训过程中能无形中提升相关技能或科技素质,继而服务温州,这种形式下,虽然温州籍智力人群没有实实在在的回归,然而他们的智力通过这种间接方式服务了温州。故称之为间接引进。

硬性引进是智力人才落地生根的一种方式,有利于人才的稳定,工作更为专心安心。柔性引进方式针对性强、成本相对低廉,在无法普遍实现硬性引进的情况下,是一种目前较为现实可行的方式。间接引进在某些领域或行业同样有着不可忽视的作用。

2. 智力人才关注的内容

前文已分析:温州籍智力人才的分布主要关注点是城市层次、城市科研院所情况及与温州的地理位置关系。但这些只是一些较为笼统的结果,这些结果的影响因素很多。也就是说,这些因素背后还有很多更为详细的细节性因素。一般而言,智力人群关注的问题可以归结为如下几个问题。

(1) 个人的待遇及发展。首先权衡的就是工资问题和住房问题,其次就是各种配套资金问题。此外在研究及专业相关方面,研究平台和可供调配的资源也是最为重要的问题。

(2) 配偶的工作。能解决配偶的工作问题是很多智力人才所关注的,希望一次性解决双方就业问题。

(3) 小孩的教育和成长环境。主要体现在小孩的上学问题上,如今的人们对此格外关注,都希望子女能上好的学校。不少人甚至以此作为第一位需要考虑的因素。

（4）父母的问题（离家的距离远近）。这个问题更多地体现在女性身上。无论是期望着照顾年迈父母的便利性，还是期望父母帮忙照顾小孩，目前的中青年一代普遍希望离家稍微近些。

（5）人际关系及各种资源网。智力人群的主要任务之一往往就是研究，而研究往往离不开合作。当没有合作者时，研究工作极其难以开展，对其发展也就会产生极大的影响，而且也容易给某些人一种孤独感。

（6）乡土情结。无论是明确表达或者没有表达，乡土情结或多或少地存在于每个人心中，那里都留下了他们成长过程中的无数回忆。这一点似乎对老年智力更为明显。例如温州政府屡次上门邀请，最终才促成了著名数学家陆善镇回温担任肯恩大学校长一职，很容易想到，在该过程中，除了温州政府的诚恳，陆教授自己的乡土情结肯定起着不可忽视的作用。

3. 在外温州籍智力人才引进建议

基于上述分析结果，总体而言，我们认为：温州籍智力人群的硬性回归和引进，必须极大地倚重教育。温州籍智力人才的柔性和间接引进，则对教育的倚重程度稍小，而更多的倚重于各种相关政策。

目前，由于温州没有特别知名的大学，甚至整个浙江省也只有浙江大学是"985"和"211"大学。所以温州籍学生在选择大学时往往会选择杭州（本省重点大学集中）和外省拥有"211"和"985"等知名高校的地区，而由于这类高校往往地处省会城市或者经济高度发达地区，在学术、学习氛围和经济状况等方面都好于温州，这些同样也是使得在外温州籍智力人群有选择留在当地的重要原因。并且，对于参加工作的智力人才，一线城市或省会城市以及当地的"985"高校，都拥有无可比拟的平台及学术、学生资源，学术氛围浓厚，这些都对其个人发展极为有利；与此相应的，在这些单位往往拥有较高的工资和配套的其他待遇。

因而，若要引进在外温州籍智力人群的回归，可以从如下几个方面来考虑：

（1）当前的温州教育及整体现状，决定了大量的硬性引进人才难度较大。硬性引进仅适合于引进少量的较为特殊的在外温州籍智力人才。

（2）制定相关的柔性引进政策，以企业名义或政府名义通过柔性或间接方式引进。制定政策时，可优先考虑技术先进的产业、具有面上带动作用的产业、温州当下正亟待转型的主导产业和一些重点行业。并制定合适的绩效激励措施。按目前温州的实际情况来看,无论是从海外还是国内其他城市,若希望大量引进全职优秀人才,都存在一定的难度。对企业而言,由于技术研发相关的诸多投入,在短期内对企业也可能会形成一些经济压力。从城市的角度而言,温州并非十分具有吸引力的城市。总体而言,与一线城市相比,温州工资低,房价持平;与其他普通城市相比,温州房价高,但工资持平。温州市容市貌方面,比以前有质的飞跃,由于经济待遇、生活条件上的差距,客观上存在着硬性引进人才难、留人才难的问题。实行柔性引进政策,则上述这些不利因素可以消除。

(3) 对于柔性引进也较为困难的在外温州籍智力人才,制定合适的间接引进激励政策或措施,并可大力推进间接引进方式。间接引进方式下,温州籍人才和温州不会产生直接的接触,可认为是硬性引进和柔性引进外的一种补充。

(4) 大力发展本地高等教育,打造优势学科,从而在全国范围产生大的影响。有了良好的、有影响力的高等院校,搭建优秀的研究平台,营造良好的研究氛围。只有打造出全国知名的高等学府,或至少某门学科走在全国前列,有了良好的学术环境,在外温州籍智力人才(或者非温州籍智力人才)才有可能被吸引,同时也利于温州留住更多优秀的学子。目前,虽然温州大学和温州医科大学都发展快速,但离一流大学的目标还有较长的路要走。因而可以从优势学科着手,先打造出全国有影响力的学科,继而逐渐提升整个学校的甚至地区的影响力,吸引在外优秀温州籍智力人群回归。例如温州医科大学的眼视光相关学科就是一个例子。

(5) 继续不失时机地打家乡牌,重点放在年纪较大温州籍智力人群上。每个中国人都有自己的乡土情结,温州人也不例外,在外温州籍智力人群想为家乡做贡献的不在少数,只是缺乏条件和途径,或者还缺温州政府或企业最后一点主动性和真诚的心。更为重要的一点是,正如前文数据所呈现的,在外温州籍智力人群中最具号召力、影响力最大的一批多半都是年龄较大的。如果拥有足够的条件和途径,相信愿意回来的在外智力不在少数。典型的例如温州肯恩大学的首任校长陆善镇的回归,正是温州方面多次诚心邀请才成功的。

(6) 同等条件下,应优先考虑引进年富力强、有影响力、有高端团队的人才。这类高端人才的引进,往往意味着一个高端团队的引进,效果更为明显。

(7) 各个区县市的引进,应重点考虑本地企业分布、企业规模效益、企业科技水平等要素。

(8) 作为补充,可能的话,可以与一些其他平台、猎头或温州籍生源多的知名高校合作,发现更多有潜力的在外温州籍青年才俊,并在第一时间吸引他们回归温州。

针对不同年龄段的人才,应注意引进方式或者激励方式上有所差异。例如,青年可以侧重在为其提供良好的平台上;中老年则可侧重于为其提供足够的资源供其搭建平台等。当然上述不少政策的实施,有赖于政府的大力支持或引导,甚至是直接参与,提供更为宽广的平台。总之,在外温州籍人才的引进和回归,是一个庞大的系统工程,涉及方方面面,需要多个部门、企业和社会的长时间的共同努力。

7.2 温州小学生中毒事件案例分析

7.2.1 事件描述

2013年9月,浙江温州乐清北白象镇第九小学出现多位小学生集体流鼻血。开学才3天,搬到新址的19名学生出现流鼻血症状而紧急暂停上课。

温州乐清的北白象镇第九小学一共有1200多名学生,以及60多名教职员工。2013年9月自开学以来3天,该小学出现间断性的异常气味,据说当时没人注意,之后有家长发微博声称孩子上学没几天就有很多出现身体不适。9月5日上午,学校有19名学生出现了流鼻血的症状,还有部分的学生会出现头痛、胸闷等症状。意识到事态的严重性,学校马上停止上课。当日下午,温州乐清市的环保局对该学校的内部及周边附近进行全面检查,找出中毒原因。经检测,发现学校附近有49家企业,其中有46家未经审批违规生产,而经审查过的3家也是超标排放。但周边居民没有发现异常情况。9月6日,温州乐清市的环保局又在学校的周边及内部对9个检测点进行废气排放检测,其中发现东方电镀有限公司排放超标;附近的村落及北白象镇第九小学的钢架被油漆后环境空气中有检测出丙苯和甲苯,但是污染源还需要进一步检测确定。此后,温州乐清市环保局和北白象镇对该小学周边排污企业进行了联合的大整顿,拆除了3家企业的违规建筑,还对其他3家企业进行了断水断电,且责令2家企业停产。学生先在老校区上课,直至新校区检测合格再做迁移。

此事件发生后,有关机构决定起牵头作用,检测污染源的出处,保证事件不会再次发生,依法关停非法企业,对19名学生进行及时的检查及治疗,确保学生的康复,做好与家长的理性沟通,以及确保学生可以尽快返回课堂,维护正常的教学秩序。9月12日,温州乐清的环保部门在北白象镇第九小学新校区进行了全面的大气采集监测。随后浙江温州乐清的政府有关机构公布了乐清市北白象镇第九小学21名学生(后对小学生进行检查,又发现2名受影响的)流鼻血的事件评估报告:为校内教室中甲醛超标及学校周边工厂排放的有害废气所致。查明缘由后,有5名责任人被处予停职检查。

7.2.2 舆情分析

在开学的季节,浙江温州乐清出现小学生集体中毒事件,小学生本来就是被保护的对象,事件的发生自然很容易引起绝大多数群众的关注,然后又加上事件的背后存在环境污染和经济发展的因素,使得事件越来越受到媒体和群众的关注。

通过表7-2,我们可以看出同样的官方微博,但是粉丝量与评论成正比。一般情况下,通过节点的重要性,可以看出影响度有多大。微博上信息发布者的可信度高,相对于网络上各种渠道发布的各类消息,微博上发布的新闻信息拥有更高的可信度。微博上的传播是一种基于社交的人际网络传播,这种人际网络有两种,一是既有人际网络在微博上的延伸;二是基于信息需求而产生的人际联系。因此,微博用户通常关注的是他的朋友、熟悉的人,或者是名人。

由表7-2也看出,很多新闻以微博作为发布的平台。不仅有官方微博,还有很多知名记者、编辑的个人微博。大众可以通过微博与记者、编辑互动,甚至现在还有很多报料直接找他们。

表7-2 两个典型账号的粉丝、转发、评论情况

媒　　体	转发/条	评论/条	粉　丝　量
网络新闻联播	295	74	1 676 531
央视新闻	1975	844	11 129 413

第7章 舆情分析技术应用典型案例

通过该舆情的传播图7-26可清楚地看到,链式网状传播是由一个节点扩散出几条链到下一个节点,以1-N-N的模式传下去的。图中每个节点代表一个微博账号,在该传播网络中,我们可以发现,任何一次的传播,都是通过他人的转播转发出去的,而在网络中,往往存在少数的节点拥有大量的连接,而大部分节点却很少,即:现实世界的网络大部分都不是随机网络,少数的节点往往拥有大量的连接,而大部分节点却只有很少的连接,一般而言它们符合Zipf定律(即在自然语言的语料库里,一个单词出现的次数与它在频率表里的排名成反比)。我们将度分布符合幂律分布的复杂网络称为**无标度网络**(Scale-Free Network)。无标度网络具有严重的异质性,其各节点之间的连接状况(度数)具有严重的不均匀分布性:网络中少数称之为Hub点的节点拥有极其多的连接,而大多数节点只有很少量的连接。少数Hub点对无标度网络的运行起着主导的作用。从广义上说,无标度网络的无标度性是描述大量复杂系统整体上严重不均匀分布的一种内在性质。

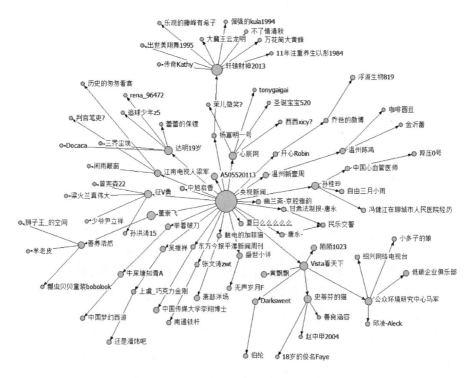

图7-26 温州小学生中毒事件链式传播示意图

从舆情的时间演化曲线图 7-27 可以看出,自从温州小学生中毒事件曝光以来,微博平台上关于这件事的讨论温和放大,主要明显集中在 9 月 7 日到 9 月 9 日三天时间内,随着有关政府机构的调查以及真相的公布——引起事件发生的缘由及做出的相关决策公诸于众,群众对这件事的关注度就出现了下降的趋势。

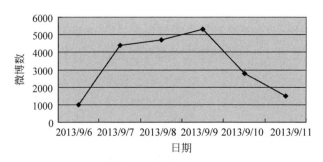

图 7-27 温州小学生中毒事件微博关注走势

据人民网舆情监测平台显示,在此事件中利用微博传播发挥了社交媒体的传播速度快和传播力度大的作用,也从另一个方向上,引起有关部门对自己应尽职责的重视,使事件公开化,看到当地政府部门的处理效果的提升。整体来说,微博平台上对这件事的关注度趋于平淡,最近一些知名的 V 字认证用户在微博平台的互动相对于以前来说,减少了不少,缺少了所谓的"意见领袖",微博事件的舆论明显没有了说服力和支撑力。反而是一些媒体官方微博的入驻,使得舆论处于中间态度。《人民日报》发表的微博"这里究竟怎么了?"对事件进行发问,推进了事件在微博信息传播上的舆情发酵。

最后从事件的处理结果来看,群众对政府有关机构的批评还是处于相对温和的状态,言表仅限于对环保部门的事前无行动的一种指责,但还是希望通过此事件能够对相关的负责人进行严厉批评及指责,这些看来都属于网民情绪的合理宣泄。其实针对每件事件的核心进行有把握的回应,既可以化解危机的出现,也可以很好地获得围观者的认同。在面对突发事件的时候,第一反应最重要,就是第一时间去回应,如果第一时间不去说明,可能其他的流言蜚语就会强势起来,到后面再去解释,就会有口难言了。就像此事件发生后,媒体和群众的关注度放在学校附近的企业造成的环境污染上了,通过舆论知道群众意见,这样有关机构就会实质性地进行排查,最后对有问题的工厂责令整顿或停业,从而最大程度地使得发酵的舆情迅速降温。

第8章 微博舆情系统及指标探讨

经过对微博的深入研究和实践,发现这是一个涉及社交网络、复杂系统、推荐系统、网络舆情、计算广告、数据挖掘、社会学、心理学、新闻传播学等多个研究学科或者研究方向(领域)的综合性研究。本章首先介绍了微博系统的开发原理,深入分析探讨微博的权重调配、指标排名、增量排名等指标,从而提出"记忆效应""操作代价""操作收益""链式营销"等相关概念。

8.1 微博舆情系统原理

8.1.1 原理介绍

微博舆情系统爬行原理基于微博用户之间的链接关系[109]。主要原理如下:

给定 UserA,以此为种子,分析与之有关联关系的其他用户(如谁关注 UserA),并将这些用户信息爬取至本地数据库[110-111]。假如 UserB 关注 UserA,则可以继续分析哪些用户与 UserB 关联……这样进行下去,理论上可以遍历所有微博账户。本系统遍历过程中,遍历并保存了所有与当前爬取对象有关联关系的有价值用户(指活跃程度超过阈值),但是爬取对象仅限于温州用户,而不是处理所有用户。

8.1.2 系统概况

系统功能主要分布于两个页面中,其中一个为微博指标排名,另一个则为微博内容分析,具有涉及用户信息查询及热门评论帖、热门转发帖、热门博主分析。界面如图 8-1 和图 8-2 所示。本章所列举的数据来源于自主开发的温州草根媒体微博舆情数据采集研究中心。所采集的微博数为 1 087 465,用户数情况如表 8-1 所示。

图 8-1　微博指标排名界面

图 8-2　微博内容分析展示页面

表 8-1 系统用户数概况

	所有	男	女	认证	非认证
全部	2 155 011	1 016 225	967 798	44 832	2 110 179
浙江	644 139	255 869	335 832	12 016	632 123
温州	406 916	161 156	211 471	5091	401 825

注：表中男女用户数之和小于总用户数，这是因为有部分用户性别并不明确所致。

8.1.3 微博舆情系统功能一览

表 8-2 仅列举微博舆情系统的主要功能，功能的详细介绍略。

表 8-2 系统功能一览

序号	功 能 项	说 明
1	获取系统用户数	获取系统总用户数
2	获取系统更新日期	获取系统最后更新日期
3	指标更新情况	获取当日系统更新的指标数
4	指标权重设置	人工设置各分项指标的权重，并以该权重排名
5	认证用户指标排名（历史总量数据）	支持如下指标排名：微博量、收藏量、关注量、粉丝量、互粉量、活跃粉丝量、被转发数、被评论数、原创微博数、转发微博数、综合指标
6	非认证用户排名（历史总量数据）	支持如下指标排名：微博量、收藏量、关注量、粉丝量、互粉量、活跃粉丝量、被转发数、被评论数、原创微博数、转发微博数、综合指标
7	混合用户排名（历史总量数据）	支持如下指标排名：微博量、收藏量、关注量、粉丝量、互粉量、活跃粉丝量、被转发数、被评论数、原创微博数、转发微博数、综合指标
8	增量数据排名	同 5、6、7，支持按认证用户类、非认证用户类、混合用户三类来各自排名。每类用户都支持微博量、收藏量、关注量、粉丝量、互粉量、活跃粉丝量等分项指标排名
9	用户查询（昵称）	根据用户昵称查询用户各项信息
10	用户查询（UID）	根据用户 UID 查询用户各项信息
11	微博查询	根据关键词来搜索微博（最多 2 个关键词）
12	热门转发帖分析	分析显示近 5 天的热门转发帖的前 100 名

续表

序号	功能项	说明
13	热门评论帖分析	分析显示近5天的热门评论帖的前100名
14	热门博主	分析近5天的热门博主的前100名
15	今日热门转发	分析显示当日的热门转发帖的前50名
16	今日热门评论	分析显示当日的热门评论帖的前50名
17	今日热门博主	分析当日的热门博主的前50名

8.2 详细功能解说

8.2.1 指标排名相关功能

下文将对图8-1中的各项功能分别详细解说。

1. 获取系统运行概况

获取系统运行概况的功能分解如图8-3所示。

图8-3 获取系统运行概况

获取系统用户数：用于获取当前系统用户数，主要用作判断系统当前运行状况，如是否稳定、效率如何等。

获取系统更新日期：获取系统更新日期，主要用作判断系统当前运行状况。

指标更新情况：实时获取当日系统更新的指标数，主要用作判断系统当前运行状况，如是否稳定、效率如何等。

2. 权重调配设置

权重调配设置如图8-4所示。

图8-4 权重调配设置

权重设置：各项指标的权重均为小数，在合理范围内设置即可。

排名：各项权重设置完毕，单击"排序"即可按照新设置的权重排序，若对排序结果不认可,可以再次修改各项参数直至排序结果合理。

注:该功能主要用于系统试运行期间,当各项权重调整至一个合理的值时,该功能不再具有实际意义。根据早期讨论及实际观察经验,基本可以确定权重设置过程中应该注意如下几个问题。

(1) 活跃粉丝的作用不宜过分夸大,不过由于活跃粉丝的量与微博信息数、粉丝数等远不在同一个数量级,故可以将其参数调整得较大,但最大值建议不应超过5,一般应在1~3为宜。

(2) 粉丝数的权重应该较小。在上述各项指标之中,粉丝数是一个数量级最大的指标,故往往粉丝数的权重应该是最小的,量级建议为 $10^{-5} \sim 10^{-4}$。

(3) 微博数的权重不宜过小,其权重应远高于粉丝数权重。不过由于微博的基数往往由于数量级较大,其权重量级一般应为 $10^{-3} \sim 10^{-1}$,建议量级为 10^{-2}。详见下文分析。

(4) 转发数应设置稍大。数量级应为 $10^{-1} \sim 10^{1}$,建议范围在 0.5~10。

(5) 评论数应该设置的比转发数更大,但数量级一般应和转发数一致。原创和转发微博的权重应大致相等。

3. 指标排名

指标排名功能如图 8-5 所示。

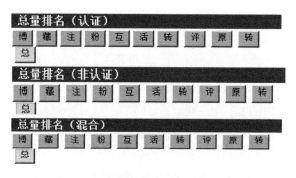

图 8-5　历史数据指标排名(三类用户)

图 8-5 是分别针对认证用户、非认证用户及混合的各项指标排名。具体的排名涉及如下几个子项(顺序与图 8-5 对应):微博量、收藏量、关注量、粉丝量、互粉量、活跃粉丝量、被转发数、被评论数、原创微博数、转发微博数、综合指标。

排名指标显示 3 个字段：排名、用户昵称、具体得分。

其中各个分项指标将显示排名的前 200 名，而综合指标排名显示前 300 名。排名数据以表格的格式呈现，方便复制到 Excel 中进行二次加工。

注：转发数和评论数由于依附于每一条微博，虽然理论上可以取得所有微博的转发数和评论数，但由于权限和计算资源所限的原因，转发数和评论数实际上无法取得历史总量值。且根据长期的讨论和经验来看，这两个指标作为衡量微博的互动因素，更应该看重其近期活跃度，而非历史数据；另外为了减少这两个指标的太大波动，所以在计算过程中，转发数和评论数均是取近 20 天的评论数和转发数之和。从这个意义上来讲，转发和评论数指标使用的数据其实是增量数据而非评论数据，所以在下述增量排名中就不必再设置这几个指标的增量排名数据了。

4. 增量排名

增量排名项目如图 8-6 所示。

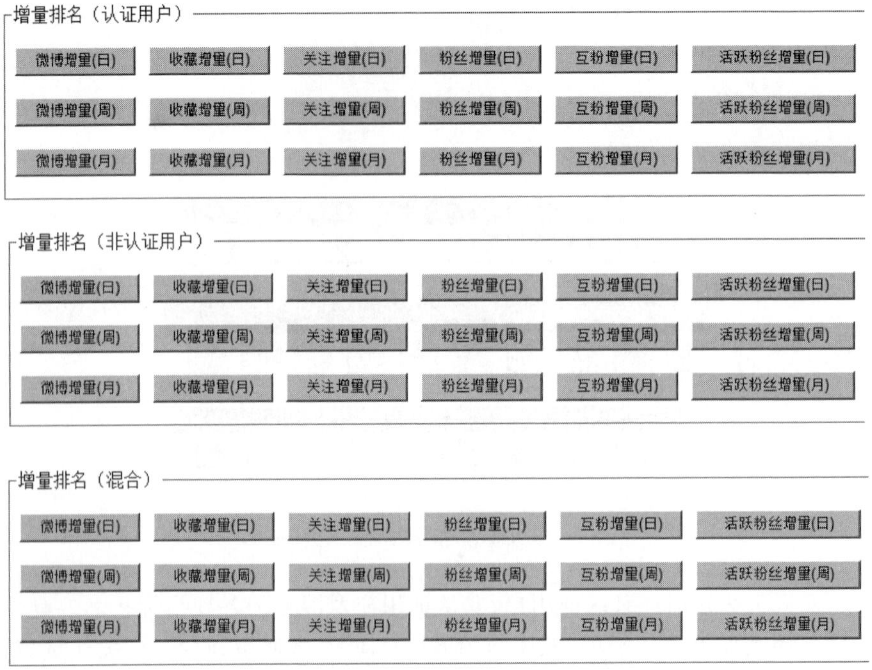

图 8-6 增量数据指标排名（三类用户）

增量排名主要用于对微博指标进行近一段时间的排名,而不考虑历史数据量,以期获得新近的各项子指标的"黑马"微博。不过由于权限和计算资源所限的原因,上述"日增量"排名都是意义不大的,因为所囊括的排名范围有限。一般建议参考"周增量"和"月增量"排名,其中"周增量"尤其值得关注。

8.2.2 微博内容分析相关功能

下文将对图 8-2 中的各项功能分别详细解说。

1. 用户信息查询

用户信息查询功能界面如图 8-7 所示。

用户昵称查询:输入昵称,即可查询该用户的相关信息。

用户 UID 查询:输入 UID,即可查询该用户的相关信息。

图 8-7　用户信息查询

查询结果中将显示如下信息。

用户基本信息:如 UID、用户昵称、注册日期、所在省市、微博地址、是否认证等。

用户指标信息:微博量、收藏量、关注量、粉丝量、互粉量、活跃粉丝量、被转发数、被评论数、原创微博数、转发微博数及这些指标的最后更新日期。其中,被转发数、被评论数、原创微博数、转发微博数 4 项指标均是近 7 日的数据。

最新微博:系统中该用户的最新 4 条微博信息。若微博含图片,则在"转发数"之后将显示带超链接的"查看图片",只需单击该超链接即可查看相应的图片。

2. 微博搜索及热门贴分析

微博搜索及热门贴分析功能界面如图 8-8 所示。

图 8-8　微博搜索及热门贴分析

搜索微博:输入关键词(最多支持 2 个,且关键词之间用空格间隔),单击"搜索微博"即可搜索出相关的微博。该功能可以用于某些主题型很明确的场合。例如某人或某事正被网络舆论得很火热,则可以输入某人或某事相关的关键词,然后搜索即可,通过搜索结果就可以轻松知道目前哪些账户对该事件很感兴趣,并且可以通过人工研判,判定在该事件传播中起关键作用的博主,从而有助于人工从多角度判断可能的推手。

热门转发帖:分析并显示近5天的热门转发帖,显示前100条。

热门评论帖:分析并显示近5天的热门评论帖,显示前100条。

热门帖:分析并显示近5天的热门帖。热门帖是根据转发情况和评论情况综合判定。

热门博主:分析近5天的热门博主,这些博主的帖子在这段时间被评论和转发量大。

3. 今日热门分析

今日热门分析功能如图8-9所示。

图8-9 今日热门分析

(1) 今转,指今日热门转发,分析并显示当日实时的热门转发贴,显示前50条。

(2) 今评,指今日热门评论,分析并显示当日实时的热门评论帖,显示前50条。

(3) 今博,指今日热门博主,分析并显示当日实时的热门博主,显示前50名。

8.3 微博特点分析

对目前系统采集的数据(温州)进行粗略的分析,大概可以得到如下几个特点:

1. 女多男少

该特点对全国用户似乎不成立。但是对浙江用户和温州用户成立。浙江用户和温州用户的男女比例均为1∶31。

猜测原因可能是浙江或温州本身性别比是女多男少,由于网络暂未找到权威数据,无法确认。

不过根据身边的实际情况,猜测另外一个原因可能是:女生趋向于玩手机;男生乐于玩游戏。不过由于微博年龄段数据无法获取(但根据相关科研文献资料,年龄在 10～29 岁的微博用户比例在 71% 以上),故该猜测依据不足,或者不具有普遍性,只是对高校学生用户成立。

还有一个可能的原因,就是微博内容多生活化、娱乐八卦化。这些对女性更有吸引力。倘若该原因成立,则该因素是具有普遍性的。

2. 转发行为易被商户使用

微博平台上,商户一般不愿意卷入是非争论中(除了类似娱乐圈之类的公司,为捧红某人,只追求关注眼球,不关乎好坏),所以他们的微博都趋向于单一性主题,易引发转发行为,而非发散型主题。因为发散型主题往往主题饱受争议,易引起争论,对商家信誉造成损害,如图 8-10 所示。

图 8-10　两个关于商户利用转发进行链式营销的案例

从图 8-10 可见,两个商户均是利用转发行为进行链式营销。从数据来看,这两条微博的转发数也远高于评论数。

3. 懒(不希望付出操作代价)

无论是论坛还是微博,潜水者总是大多数,如图 8-11 所示。

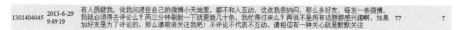

图 8-11　能代表很多博主心声的总结

4. 倾向于低操作代价和高操作收益

有了操作代价和操作收益的概念,就不难理解微博的一些统计学特征。具体如下:

(1) 转发微博多于原创微博:转发微博的操作代价小而操作收益大。

(2) 转发多于评论:从整体而言,转发数远远大于评论数。

(3) 评论数都极其短小:评论数目从绝对值上而言,对某些微博也可以达到较大的值,但是几乎所有的评论都是寥寥几句,远低于微博允许的最大字数。

(4) 表情符号大量使用：一个表情符号除了能够明确表明发帖人的情感之外，还减少了不必要的文字输入(高操作代价)。

8.4 从微博内容看网络语言特性

网络语言是常规语言在特定的时空网络环境下的变异，具有其独特的语言特性。微博作为网络语言使用的一个主要阵地，网络语言的诸多特性在微博中体现明显。具体而言有如下这些特性。

1. 表情符号化

经过对系统中超过 100 万条微博数据的分析，含表情符号的微博占据数十万，比例非常大。这也是网络语言最为典型化的特征。

这些表情或多或少可以当作发帖人当时针对某篇微博的情感(支持或反对)。其好处在于表情符号数目有限，表意比文字符号更精确，比传统的情感研究更容易、更准确，值得深究。

表情符号与文字符号相比，还具有较低的操作代价。但是表情符号更能引起注意，在一串文字符号中具有"突兀"的效果，容易吸引眼球，即与文字符号相比，具有较高的操作收益。

另外表情符号的研究挖掘比新浪目前的"赞"功能更有意义。不过表情符号的操作代价较大。

2. 数字型语言特征

数字型语言在微博中也有较多的体现，例如 520、5201314、5555 等。

3. 合音词现象

典型的例如，"不要"→"表"等。

4. 谐音词现象

例如，"偶"→"我"；"木有"→"没有"等，GF、BTW、Me2、3X 等。

5. 幼稚化表达(萌化表达)

例如，"觉觉"→"睡觉""东东"→"东西""打 pp"→"打屁股""秋秋"→QQ 等。

8.5 微博舆情指标深入探讨

8.5.1 关于各项子指标的数量级

各项子指标的上限值是无法准确预测的。不过若剔除非正常途径而导致的指标增长,而仅考虑正常情况,则各项子指标的数量级应该是可以预测的。以目前的情况看,各指标的正常数量级情况如表 8-3 所示。

表 8-3 各指标的正常数量级

指　　标	数量级(10^x)	90%置信数量级(10^x)
微博	2~6	3~5
收藏	2~5	2~4↑
关注	1~3	2~3↓
粉丝	2↑~7	3~6
活跃粉丝	1~3	2
互粉	1~2	2
转发数	1~4	2~3↓
评论数	1~4	2~3↓
原创微博	1~3	1~2
转发微博	1~3	1~2

注:1. 表中任何一个指标的下限都是 0。表中的下限值是指该微博可能产生实际较大影响力所应具备的数量级。

2. "↓"表示在该量级取值趋于最小值 1;"↑"表示在该量级取值趋于最大值 9。

3. 90%置信数量级:表示能够产生较大影响力的账号中,90%的用户的相应指标所处的区间。

4. 原创微博和转发微博的统计对象是近 20 天的数据,即近 20 天所发微博中的原创数和转发数。其中转发微博数大于原创微博数,不过数量级基本相同。

5. 一个新开的微博也有可能短期内即达到一个较高的影响力,不过若按常规的排序规则,新开的微博基本没有机会进入综合排行榜单,此时可以仅依赖评论数和转发数来识别这些新晋高影响力用户。

了解了各项指标的数量级,才有可能制定出合理的指标权重。并且在制定合理权重时,应该重点考虑 90%置信数量级,这是因为各项子指标中都有非正常现象的特例存在。例如,从微博数来看,金娅丽目前的微博数为94 424,冷笑话全收罗的微博数为 73 105,咸湿笑话搜集的微博数为 69 609,

温州胡教练的微博数为 67 138,占据了微博排行榜的前 4 位,金娅丽日均发博 100 条,从粉丝数来看,幽默大爆炸的粉丝数为 8 247 970,时尚潮流宝典的粉丝数为 7 190 966,新潮时尚家的粉丝数为 4 041 233,朱启南的粉丝数为 2 816 586,雄踞粉丝数前 4 名;从收藏和关注数来看,温州草根新闻关注数都为 0。

8.5.2 指标权重设置应考虑的重要问题

在设置权重的过程中,虽然无法轻松地确定各个指标的权重,但是设置权重应该重点考虑的因素是可以确定的。目前可以明确需要重点考虑的问题如下。

1. 指标的数量级

见 8.5.1 节。只有知道各项指标的数量级,才有可能有针对性地弱化某些对综合影响力贡献小的指标,而加强某些对综合影响力大的指标。

2. 各子指标与综合影响力的相关度

系统中涉及的指标很多,但并非所有指标地位平等。与综合指标正相关性高的指标应给予更高的权重,否则应该给予较低的权重。

3. 各指标相关操作的操作代价和操作收益

操作收益高而操作代价低的应该给予更高的权重。操作代价相似的指标,操作收益高的理应给予更高的权重。

8.5.3 指标的计数方式

本系统中各指标根据其特性而采取了不同的处理方式,这其中既有基于实际的经验总结,也有受限于客观条件的原因(如接口权限所限、服务器资源所限等);评论数和转发数主要用于测度账户的互动性,故不宜使用历史总量数据。具体而言,本系统中的指标按如下方式处理。

采用历史计数的指标有:微博信息量、收藏量、关注量、粉丝量、活跃粉丝量、互粉量。

采用时间段的指标有:被评论量、被转发量、原创微博量、转发微博量。

8.5.4 关于微博量指标

虽然微博多少和影响力强弱并没有严格的正相关性,不过作为一个正常的微博,只有发了微博,才有可能进而带来真实的粉丝(关注),也才有可能导致基于记忆效应的评论数、转发数的持续稳定增长。若一个博主没有发任何微博或者微博极其少,而存在数量可观的粉丝,或者大量的活跃粉丝,很明显,该微博不是一个正常的微博账号。

各个博主收藏的对象是单篇微博,而非博主;各博主虽然关注的对象是博主(微博账号),但是之所以关注还是基于对博主所发微博的综合判断。各博主对其他博主的转发和评论,也都是微博内容的。所有这些都说明:微博量是一个能够带来操作收益最基本的一个要素,没有微博,则其他都是不会有的(即使有,也是非正常的,或者无意义的)。

8.5.5 关于主题类型及评论和转发

微博的主题类型可以粗略分为两类:单一性主题和发散性主题。

(1) 发散型主题:易百家争鸣,认同感多极化,各自发表不同的意见;易引起评论。

(2) 单一性主题:认同感单极化;易引起转发。

在上面每种类型中,可以再细分为三类:意料型、意外型(突兀型)和引导型。所谓意料型,即所叙述的主题基本在大众意料之中,没有超乎其意料之外;而意外型则指超乎大众意料之外,不符合常规;引导型则指博主对其他网友的操作具有一定的明确的或者隐含的引导性质(如有偿推广等,不过如果当作意外型似乎亦无不可)。

- 单一意料型主题是最不可能引发转发和评论行为的;
- 单一意外型主题是容易引发转发和评论行为的;
- 发散意料型主题可以引发评论和转发;
- 发散意外型主题最容易引发转发和评论。

例如(所举例子不一定贴切,仅供参考):

(1) 单一意料型:今天早上吃了一碗稀饭、一个馒头。

(2) 单一意外型:三岔路口从七月份起免费供应稀饭和馒头。

(3) 发散意料型:今早吃了碗稀饭,带了瓶矿泉水就去爬大罗山,半路饿得受不了。

(4) 发散意外型：今天早上吃稀饭吃到一根头发、馒头中还带钢针。

热门转发用于监测高频次评论帖。而热门帖多见于发散型主题，网民观点趋向于多极化，容易引起争论的帖子。

热门转发帖则往往呈现为单一性主题。网民观点趋向单极化。网民此时的转发行为仅仅是因为感兴趣、觉得有意思或基于微博的链式营销。

8.5.6 关于排名黑马的解读与应用

在系统实际运行过程中，会经常遭遇排名黑马。这是一项极为宝贵的、值得深究的信息。不过由于指标很多，不同的指标黑马解读也应有所不同。若从综合排名来看，则排名黑马往往需要结合权重比例来确定。下面从转发排名黑马方面的两个典型应用解读其涵义。

(1) 网络舆情：网络舆情是新闻媒体监测中一项重要内容。网络舆情领域有两个最为重要的主题：网络舆情热点自动发现和网络舆情的智能追踪，其中舆情热点的自动发现是舆情智能追踪的前提和基础。转发排名黑马往往意味着当前网络极有可能正引发了一个被众人所关注的一个热点，所以从这个方面来说，转发排名黑马有助于网络舆情热点的自动发现。

(2) 网络营销：随着微博的流行，微博已被各商业机构作为网络营销的一个重要战场，也是某些个人用户推介自己的平台。对各商家而言，如何验证一个营销策略达到了自己的广告效果，从而计算投入产出比是商家极为关心的一项内容。在传统的广告营销中，除了计算销售量之外，其他可信的指标可能只能通过调查来实现。并且销售量的影响因素很复杂，不一定完全归功于广告；而调查往往带有一定的主观性，客观程度稍显不足，这容易让人对投入产生"水中月雾中花"的感觉。而基于微博的营销，其影响范围、影响人群、转发率等基本上都是可以完全量化的。从这个角度来看，若商家的网络营销策略导致了转发排名黑马，这足可以说明该营销策略已拥有极大的影响力，剩下的事情就是商家继续采取合适的措施提高转发率了。

"黑马"的出现，打破了微博链接网络的局部平衡，但随着时间的变化和"自然选择"，该局部会形成持久的稳定平衡：能够产生记忆效应的"黑马"将成为新的核心节点，否则"回归平静"。

与"黑马"现象相对，微博链接网络中同时存在着"节点消隐"现象，即某些核心节点会逐渐消失，成为普通节点，影响局部的平衡。

第9章 基于草根媒体舆情的应对原则及策略

9.1 概述

随着互联网的飞速发展,网络空间急剧壮大:互联网基础设施不断完善,互联网用户相关技能不断提高,互联网用户和数据剧增。伴随网络空间的壮大,早已熟悉现实物理空间管理方式的各部门机构,其传统的管理方式手段就显得相形见绌。这其中最为棘手的,即网络空间中的网络事件及网民舆论(网络舆情),而随着网络空间传播方式主流格局的变化,基于草根媒体的网络舆情更是让这一问题凸显出来。

9.2 草根媒体及草根新闻

草根媒体(Grassroots Media),又称自媒体(We Media)、泛自媒体、私媒体、公民媒体、参与式媒体(意义大同小异)等,它是与传统主流媒体对应的一个概念。草根表达的是一种平民风格、公众参与的方式。其发布主体和接受主体往往都是平民,其关注的对象往往是平凡人的不平常事,然而却也不仅仅局限于此。实际上,现实物理空间中的任何人和事,都有可能在网络空间中存在映射并受到网络空间主体的关注。借助于草根媒体作为媒介和传播空间的新闻信息则被称为草根新闻。

9.2.1 草根新闻的特性

草根新闻的内容趋于平民化、生活化,更为贴近网民的实际生活,表达方式更为贴近民众的接受习惯,利用图片、视频、文字、声音构筑活泼多变的表达,而舍弃了传统主流媒体的偏离平凡生活的内容和偏离民众常规的严肃死板表达;从而打破了传播媒体的垄断地位。

草根新闻内容具有开放性。任何具有能够接入互联网设备的人员,都可以平等借助草根媒体发布传播自己感兴趣的内容,而不受年龄、性别、职业、地位、地理位置所限,并且在地位上具有平等的发言权。任何人同时既是主体也是受众。

此外,草根媒体的内容还具有更强的实时性。因为草根媒体的很多内容都来自于现场网民的实时文本或者视频照片抓拍,远比传统的先报警方或先通知报社,然后才有记者赶往现场采访报道来得更为及时。该现象在突发事件中表现得尤为明显。

草根新闻还具有共享性和交互性。任何人发布的新闻都可以被其他人共享,并且在共享的过程中,可以多方交互,可以表达不同意见,并且不同意见能够被多方再次共享。而不再是传统的官方"宣讲",受众倾听,听完是否有意见都只能闷在心里。

然而,由于传播主体的身份和资源权限所限,草根新闻经常也会存在着信息不完整、信息不深入甚至失实的报道;在表达上也容易出现偏激现象,从而导致不必要的不稳定因素出现。

9.2.2 草根媒体的典型表现形式

目前互联网内容传播呈现多样化,而其中最为典型的草根媒体表现形式有如下几种。

(1) 微博:这是草根媒体最为典型的方式,也是目前最为火爆的互联网草根媒体传播方式。微博以其短小精悍、传播迅速、用户面广、内容庞杂、约束少而深受平民用户和精英用户的青睐。自微博进入公众视野以来,很多火爆热点都由微博引发,也正因为此,针对微博社交网络的学术研究、政府管控逐渐火热起来。

(2) 博客:这是最为经典的草根媒体表现形式。早在微博出现之前,博客就是草根媒体的代名词。但随着新兴草根媒体形式——微博的出现,博客影响力已有所下降。但由于微博篇幅的限制,有些场合博客仍然是深度草根新闻的最佳表现形式。虽然微博中可以借助其他特殊表达方式(如图片)来表达长文本,但这毕竟不是一种好的方式,也是各类基于互联网的文本应用(如搜索引擎等)所讨厌的方式。

(3) **播客**：这是一种相对较为新兴的方式。但由于其原始数据的采集相对于微博等较为复杂，故影响力也稍逊。但其传播的内容比文本内容更给人以真实感，可信度更强，在某些场合更可以作为文本内容的有益补充和支撑。

(4) **论坛**：这也是 Web 2.0 时代另一个经典的草根传播方式。但由于论坛的组织形式特点，内容编辑和传播极大的受限，远没有微博和博客的"草根"性和自由度强。

(5) **维客**：维客采用公共话题的群体协作式书写，使大众成了潜在的作者和编辑，有权利对网页上的信息进行编辑修改。其传播范围相对较小、传播能力有限，且其用户往往并不形成凝聚性很强的群簇，而往往以松散、宽泛的形式存在，难以形成"惊涛骇浪"。

(6) **微信**：微信可以归结为泛自媒体。由于微信更接近于私对私的场合，即点对点场合(其他的表现方式则更多地呈现为点对面方式)，与狭义的草根媒体稍微有些偏离。与微博相比，在传播方面的能力可能较弱些。

(7) **新闻门户**：新闻门户从来没有走进草根媒体研究者的研究视野，也从不视新闻门户为草根媒体。但是新闻门户的确具备草根媒体的很多特性特质。从新闻门户直接发布的新闻内容的方式来看，的确与草根无关；但是新闻门户发布的内容几乎无一例外都可以让用户评论，在评论中用户也可以随意"盖楼"。正是因为这一特点，不少网民借助这种方式发布与主体新闻主题无关的内容，并引发"盖楼"，这与博客在实质形式上并无不同。只是借助新闻门户发布"草根新闻"的自由度介于论坛和博客之间：比博客严而比论坛宽松。

9.2.3　草根媒体的发展阶段

目前一般认为新闻媒体的发展分为三个阶段。

(1) **Web 1.0**：即传统的报纸、广播、电视等媒体形式。

(2) **Web 2.0**：随着互联网的发展，媒体形式逐渐多样化。典型的 Web 2.0 媒体有博客、论坛等，其中博客(国外 2002 年，国内 2005 年)被认为是早期草根媒体的典型代表。不过 Web 2.0 时代其他的媒体形式仍然所受约束局限很大。

(3) **Web 3.0**：2001 年 9 月 28 日，*The San Jose Mercury News* 的专栏

作家吉尔莫在自己的博客上提出"Journalism 3.0"概念。表明 Web 3.0 概念已成雏形；2003 年初,吉尔莫在 *Columbia Journalism Review* 发表 *News for the Next Generation：Here Comes. We Media.*,正式提出"We Media"概念；2004 年 7 月,*We the Media：Grassroots Journalism by the People，for the People* 一书出版,标志草根媒体正式诞生。而 Twitter、Facebook 等的诞生则成为草根媒体的典型实现。而在国内,微博的出现则表明 Web 3.0 草根媒体走向高峰。至此,表明已进入"人人都有麦克风"的时代。

9.2.4 草根媒体的传播特性

一直以来,媒体都是官方机构的喉舌,严格控制着各类媒体的声音,把握着公众话语权,甚至言语和用词表达都有一定程度的固化,但是有些网友依据官方用语习惯自编了不少让人啼笑皆非的段子或者出现了某些具有讽刺意味的词语。

在传播模式上,一直遵从点对面的单向传播方式,受众只能处于被动接受的地位,且信源所发出的信息及其描述方式等都完全被中间把关人所把持和过滤修饰。由于话语权的不对称,导致传统新闻的可信度大大受限,内容与民众的贴近程度也有一定偏离。如图 9-1 所示,中间把关人往往代表着少数阶层的利益和声音,无法代表大众的内心诉求。对管理者来说,只需要控制着点的声音,就可以把握整个面的舆论导向。因为点的数目有限,故相关机构可以轻松管理,并早已总结了若干固化应急模式,以应对各种可能的情况。即使民众中有不同的声音,由于受传播速度、传播方式等的制约,很难"掀起波浪"。

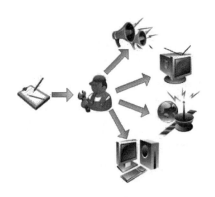

图 9-1 单向传播且有把关人的传统媒体

随着草根媒体的出现,特别是博客和微博的出现,这一传统的格局被打破。传播不再仅仅是单向的点对面模式,而又出现了双向的点对点、点对面等方式。在这种双向传播模式中,不再有"把关人"的角色,或者说"把关人"已被大大弱化,传统的处于单纯的传播受体角色的网民开始拥有"麦克风",成为"平民记者",极大地动摇了主流媒体在信息发布方面的垄断地位,把"宣讲"变成了"对话",实现向传播主体的角色转变,如图9-2所示。

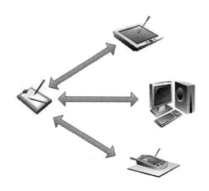

图 9-2 双向传播无把关人的草根媒体

另外,草根媒体一个非常显著的特征就是其主要传播媒介是互联网。而互联网是典型的有向无标度网络,这就决定了草根新闻的传播具备无标度网络的特征:网络具备核心节点并且网络增长(发生和传播)时遵从优先情节,即在草根新闻传播的过程中,各个节点会优先连接核心节点,以维持无标度网络自然的幂律特征。

9.2.5 草根媒体产生和发展的驱动因素

草根媒体的出现并不是某个人所决定的,而是社会发展的需求,具有其深刻的背景驱动力因素。这些驱动因素改善或者驱使传播的4个要素:传播主体、传播受体、传播方式、传播内容。其中传播主体和传播受体在有的情况下对应着同一个实体,例如在双向传播模式中,传播主体同时是主体和受体的角色。另外,在传播链中,中间节点也同时承担着传播主体和传播受体的角色。草根媒体产生和发展的典型驱动因素如下。

1. 草根媒体是言论自由的社会诉求——传播内容

国际方面,1994年8月18日—20日,在国际法学家协会的司法与律师独立中心的召集之下，来自澳大利亚、奥地利、巴西、保加利亚、克罗地亚、法国、德国、加纳、印度、约旦、荷兰、挪威、巴勒斯坦、波兰、葡萄牙、塞内加尔、斯洛文尼亚、西班牙、斯里兰卡、瑞典、瑞士、英国等国家的40多名法学家和媒体代表，在西班牙的马德里研讨并制定了《媒介与司法关系的马德里准则》。其中第一条即是"表达自由（包括媒体自由）是每一个宣称是民主社会的必不可少的基础。媒体的权利和责任是收集和调查公共信息"。而在国内，我国《宪法》规定："公民有言论、出版、集会、结社、游行、示威的自由。"公民的言论自由是公民的一项最基本的权利。

民主自由思想早已深入民心，备受国际社会普遍认同，也是广大民众的渴求和期望。人们早已不满足于单向被动的接受经由把关人修饰过的、风格一致的信息。民众除了期望了解国内外重大的政治经济社会新闻信息，同样也对身边乃至全国各地的"八卦新闻""小道消息"感兴趣。在网络越来越深入民众生活的今天，民众还对网络电子商务深感兴趣。总之现实物理生活空间的一切，在网络空间中都有其相应的映射，都可能是民众感兴趣的信息。

上述这些都导致了传播内容更为广泛。

2．网络基础设施的提升是草根媒体出现的基础技术支持——物理支撑

随着各国民众需求和运行商的投入增加，网络基础设施的覆盖范围越来越广，质量性能越来越高，这些都为草根媒体的出现及发展做好了基础的物理支撑，并与技术协调发展。

3．技术发展改变了传播格局并激发民众的参与兴趣——传播方式

制造业的发展和制造技术的提高，降低了互联网设备的制造成本，从而也就降低了用户的互联网相关设备的投入；另外，技术的发展和人们视野的开阔，促使了媒体多样化发展，即导致了博客、微博等媒体形式的出现。新兴媒体形式的出现，为打破传统单向传播格局，建立新兴双向传播方式做好了基础性铺垫，也提高了新闻信息的传播速度和信息共享体验，是各种网络媒体的运营平台。

4．经济发展是草根媒体出现的物质支撑和物质激励——传播主体与传播受体

除了网络软硬件支撑环境的改善，传播主体和传播受体也是草根媒体赖以存在的因素。而在现实的物理空间中,物质经济投入永远是人们所必须考虑的。而社会经济的发展,使民众有了充裕的经济支撑购买各种相关设备,如相机、手机、电脑等,也有了足够的能力支付上网费等费用。这为用户生成草根新闻信息提供了低廉的代价,也为网络媒体素材的多元化做出了贡献。

另一方面,在如今这个经济追求泛滥、物欲横流的时代,试图借助于互联网来实现自身利益最大化的大有人在,这其中既包括物质利益(如营销、广告、利益公关等),也包含精神利益(如名声、荣誉、声誉公关等),这些利益的最大化都依赖于传播的广度和深度。这些体现在媒体中,就是点击量、转发量、评论回复量等。

5. 网络用户(主体和受体)综合素质的提高——传播主体与传播受体

无论网络基础设施如何完善,网络设备性能多么优良,网络技术多么先进,媒体的存在都离不开其最为核心的要素——网络用户(主体和受体)。网络用户的素质和兴趣决定了网络空间中的话题范围、话题内容、沟通方式。网络用户综合素质的提高,提高了草根新闻的质量,也是用户群扩大的决定性原因之一。从目前网民的学历层次、年龄层次即可看到这一点。

9.2.6 草根媒体的意义和局限

草根媒体的出现,在社会的多方面都造成了深远的影响,具有不可忽略的现实意义。

(1) 颠覆了传统的单向传播方式,并进而改变了传播格局。传统媒体是单向的,通过少数精英话语传达给多数受众,是自上而下的单向传播方式,而草根新闻则是一种双向互动的传播。在草根新闻中,主体和受体之间已经没有明显的界限,实现了真正意义上的实时互动,成为真正意义上的对话者。传播格局彻底被颠覆,这也是激活网络主体(网民)积极性的一个重要原因。

(2) 双向互动的灵活性、实时性也大大提升。传统媒体仅有的一点互动功能——信息反馈只能在一定限度内以有限的方式发生。而草根媒体中,传播的方式多样,传播实时性非常强,甚至可以基本达到近似面对面交谈的效果。

(3) 改变了传统的媒体信息产生过程。在传统主流媒体信息产生过程中,新闻信息的产生,要经过专业从业人士的编撰、修改、过滤,甚至还需送审主管部门。但博客、微博等草根新闻则不再被主流媒体记者垄断，草根传播者则以自由的身份行事，以"我"的身份参与到新闻叙事中，不需要刻意拘束于时空因素和人为因素，例如，不需要类似日报、早报、晚报、周报等的定时报道也不需要拘泥于类似官方媒体的宗旨和方针或把关人的新闻价值观和倾向。

（4）草根媒体的出现活跃了传播主体和传播受体。在传统的主流媒体中，网民只能单纯以传播受体角色存在，能被动地接受传播信息，所接受的传播内容覆盖面与自己的兴趣面的交集有限。但"人们已经不愿意靠每天早晨的报纸来更新自己的知识。他们不愿意依靠一个类似上帝的角色每天高高在上地告诉他们什么是最重要的事情。"他们更倾向于自己能够选择新闻。而在草根媒体平台中，这一切都被逆转，草根网民们享受到了"我的地盘我做主"这种当家作主的感觉，可以在自己的领域里，尽情地以自己喜欢的方式表达自己感兴趣的内容，并且吸引尽可能多的志同道合者实现互动，结盟社区。传播主体和传播受体从此界限不再分明，两种角色的积极性都得以充分发挥，这也是草根媒体能够火热的一个重要原因。《人民日报》与人民网联合进行网上调查，参与调查的网民有87.9%非常关注网络监督，当遇到社会不良现象时，93.3%的网民选择网络曝光，自由开放民主的网络对网民的激励作用可见一斑。

（5）丰富了媒体内容，媒体内容趋向多元化和个性化。由于草根媒体的激励，互联网用户的整体活跃度大大增强，媒体采集制作工具（手机、电脑等）花样更多，软件技术的发展也导致了信息表达方式（文本、图片、视频、动画、文字动画、表情等）的多样化，这些元素的综合效应就是媒体内容的多元化；而网络用户的知识范围、知识层次、爱好兴趣范围、生活场景等都导致了媒体内容的个性化和多样化。媒体传播空间不再仅仅是官方所关注的不平凡人的大事，而是更多地转向了平凡人的小事，互联网中大事小事"交相辉映"。"海不辞水，故能成其大；山不辞土石，故能成其高。"正是草根媒体这种海纳百川的胸襟，使得草根新闻得到了全世界网友前所未有的推崇和喜爱。

（6）大大提高了媒体新闻的即时性。在草根媒体时代，更多及时的亲历式和目击式新闻充斥网络空间。而不再是传统媒体中更多的是"倒叙式"新闻（传统新闻报道的往往非第一时间现场，而是先报道当前时间点的情况，然后深入跟进调查才逐渐使得早期第一时间第一现场展现在公众视野中，从时间上来说是倒的，故称之为"倒叙式"新闻）。草根新闻的即时性、生动性和真实性往往是置身事外的传统媒体所不能比拟的。

(7) 为推进社会民主做出了不可磨灭的贡献,促进了社会进步。在传统媒体的传播格局下,主体和受体之间鲜有交互,主体和受体处于不对等的地位,网民的参与积极性受到极大限制。草根媒体的出现,使得人人都可以当记者,人人都有一把麦克风,网络成为任何一个握有麦克风人的演说舞台,网民有了更多的话语权。这使得社会的阴暗面增多了被曝光的机会,社会的各个方面被更多的人群参与,并接受监督,大大提高了社会民主程度,促进了社会进步。

(8) 促进了技术进步。草根媒体的迅猛发展,往往都是出人意料的,甚至像Facebook这些巨头的创建者,也是超乎他们当初想象的。这就导致了与草根媒体相关的互联网基础设施、相关软件技术等都受到了挑战,相关制造商、技术商都被迫研发、制造新的设备、产品或技术来满足媒体平台对于软硬件的需求,从而促进了技术进步。

(9) 草根媒体具有一定的自净功能。有些虚假的言论主题,会在不同的用户群体争辩的过程中变得是非清晰起来;有些表达也在传播中逐渐被认可从而流传开来,而有的则逐渐销声匿迹,这些都要归功于草根媒体的自净功能。然而,不得不提的是,在草根媒体下,由于传播主体客观环境和主观能力所限,这也使得草根新闻往往不够深入,甚至存在误报的问题,这是需要注意的。

总之,草根媒体的出现为草根新闻的传播创造了无比优越的条件,对传统媒体的传播格局构成了严重挑战,为扩大社会舆论影响、推进社会民主等做出了不可估量的贡献。

9.3 基于草根媒体的网络舆情特征

草根媒体作为目前最为频繁和火爆的网络舆情引发阵地,已经备受管理机构、学术研究机构等的关注。基于草根媒体的网络舆情特征与常规网络舆情特征基本相同,但是某些特征更为突出,更应该引起重视。

本章为表述方便和表述的具体化,仅讨论微博这一草根媒体传播平台。在微博平台中,传播的几个核心要素分别如下:

传播实体——博主

传播媒体——微博

传播方式——链式网状传播(且传播网络为无标度网络)

信源——发布博主

传播内容——博文

在微博平台中,网络舆情的典型特性如下:

1. 博主互动性

互动是微博的典型特征之一,博文和博主意见观点就是在博主的互动中传播扩散开来。没有互动就不会有扩散,没有互动就回归了 Web 1.0 的单向传播模式,无法激起博主的参与积极性。

在微博平台中,互动的典型体现就是评论、转发,而粉丝就是评论和转发最潜在的源泉。此外,微博影响力的评价也极大地与互动性相关联。两高司法解释规定,利用信息网络诽谤他人,同一诽谤信息实际被点击、浏览次数达到 5000 次以上,或者被转发次数达到 500 次以上的,应当认定为刑法第 246 条第 1 款规定的"情节严重",可构成诽谤罪。[①]

2. 马太效应

由于微博平台的无标度特性,这就决定了该传播网络在扩张的同时,必定至少遵从两个特点:增长、优先连接。

这种机制确保了该网络在增长的时候,新增的博主会优先连接影响力大的博主账户,从而呈现出宏观的"马太效应"。

虽然传播网络是动态变化的,然而局部网络 Hub 节点的陨落并不会对全局网络造成大的干扰,并且在局部会成长新的 Hub 节点弥补,并维持整个网络的无标度特性。

3. 链式网状传播

虽然其他的几种草根媒体传播网络也属近似的链状网状传播,然而只有微博平台才算得上真正的链式网状传播代表。该传播方式也是由其无标度网络的拓扑本质结构所决定的。

4. 传播速度快

微博所依赖的社交网络可以说是目前所有传播媒体中传播速度最快的。其拓扑结构属于典型的无标度网络,依赖于少数 Hub 节点支撑起庞大

---

① 两高公布司法解释:诽谤信息被转发 500 次可判刑。

网络的稳定性。

5．Hub 驱动性

在微博网络中,才有明显的 Hub 节点,而其他传播媒体中则不明显。Hub 节点是微博平台的驱动力,无论是原始发布信息还是转发微博信息,几乎无一例外地只有经由 Hub 博主的参与才会真正地在微博中大面积传播开来,并形成热点。Hub 博主就是微博平台中与现实社会中的发行量大的报纸、广播电视、权威门户网站对应的权威角色。

6．多元性

微博与其他传播媒体在传播内容方面,基本没有太大区别。相对于网络舆情而言,两者基本完全相同;但是,在网络舆情范畴之外,微博却有着明显的不同之处,其传播的内容更加丰富。由于微博传播平台中,有着相对较为稳健的链接关系存在,这样保持了网络拓扑的相对稳定,而固定的强链接关系是十分有利于信息的局部传播的,并最终通过弱链接传播至其他群体。这种拓扑结构特点,完全不同于 Web 2.0 时代的其他媒体平台中的松散性链接,决定了微博不仅是一个网络舆情引爆的绝佳平台,而且也是网络营销的大好战场。目前借助微博平台进行网络营销的案例数不胜数。

7．虚拟偏差性——传播内容

在微博平台中,虚拟实体的多重身份问题虽然算不上最明显(论坛用户、新闻门户评论账号中的虚拟性更明显。微博至少还存在着绝对数不小的各类认证用户,但认证用户也并非都是没有问题的,很多起知名的网络舆情实践中,所涉及的博主虽然为认证用户,但却事后证明是有问题的),但由于微博的草根性最为典型,所引爆的热点舆情也最为常见,所以微博平台中的虚拟性更应该值得重视。而内容的偏差性也因博主的虚拟性而自然产生并同样显著。

9.4 应对原则及策略

微博平台网络舆情的应对,首先需要从思想上重视网络舆情,把网络媒体作为汇集民意、公开监督的平台,加强对网络舆情的引导;其次需要建立在对微博和网络舆情的充分认识的基础上,只有对其特性有了全面的认识,才有可能掌握其应对原则;另外,为了合理应对网络舆情,还需要掌握大量的客观数据,而不能凭主观臆测,并在应对过程中,应该讲求策略。具体而言,在应对"坏事"类舆情时,至少应该遵从如下原则。

1. 及时性原则

由于传播信源的不定性,使得人们对于传播空间所传播的内容持较低的信任度。因此,如果传播内容不能够得到权威信源的及时印证澄清或其他处理方式(如封堵或删除),其他传播主体会将该未加及时处理的舆情信息快速传遍整个传播空间,从而形成难以控制的局面。在目前的状况下,由于目前对互联网的监管难度较大,监管手段也比较单调,基本属于"被动"型的管制,即时性不够,信源模糊的问题还不能得到有效解决,仍会长期存在下去。对网络这种传播广而快的媒介来说,及时处理往往可以防止在网民中滋生无端的猜测,避免很多不必要的不和谐的舆论甚至不安定事件。而要解决其造成的传播影响,应立即做出反应,调查核实真相,及时解答公众疑问,满足民众的知情权,及时获取网络舆情的相关全面数据,跟踪敏感网络舆情的最新动态,并做好基础性数据的分析和评估工作。根据分析结果,评估其后续的发展态势,从而确定应该采取何种有效的措施,并通过权威信源及时回应处理加以解决,防止由于部分传播媒体的不理性情绪而影响整个网络舆情的发展,甚至使得网络民意被恶意操控。此外,即时性的处理,还可以在广大网民之中建立起"有作为"的积极正面印象。倘若采用拖延战术或者置之不理,一方面负面新闻传播的会越来越广,次生灾害亦有可能发生,另一方面麻木、沉默、"遮遮掩掩"都有可能加剧情绪对立,给自身带来"不作为"的口碑。

2. 公开透明原则

建立合理的透明的信息公开制度,实时对外界发布最新权威动态,避免广大网络舆情受众在猜测、猜疑中被部分偏激、不合理的观点所迷惑或左右。由于网络的实时性极强,危机信息传播迅速,可以迅速蔓延至互联网的每一个角落;故管理机关应在保证公开透明的前提下,第一时间对已经掌握的相关事件情况进行通报,随时关注网络舆情的发展,应利用自身权威形象,充分利用网络、电视、广播、报纸等传播媒体——特别是网络和电视,及时发布合适的透明信息,做好危机公关工作,这样做一方面可以保障网民的知情权,另一方面也可以引导网络舆情关注事实,减少不实的臆测和推断,避免受众在猜疑中等待,避免危机信息的扩散和事态的蔓延。只有维持高的公开透明程度,才具有强的说服力,令质疑声下降。非公开的处理,将招致更多的怀疑和各种引申猜测。

3. 尊重民意原则

网络舆情是网络民意的汇集,管理机关在应对网络舆情时必须尊重网络民意。尊重网络民意并不意味着一味迁就,但也不应该对公众进行草率的批评和打压。管理机构应充分利用草根媒体,收集来自草根民众最为真实和实在的声音,解决问题于无形;而不是单纯管理压制,应在公开透明的前提下,利用所掌握的丰富资源,及时调查取证,回应网民的疑问,并对错误的舆论导向进行正确引导。

4. 尊重事实原则

在官方机构应对网络舆情时,官方消息不能被证实已是极为不利,倘若所发布的消息被网民轻易证伪,那更是对自身权威角色的彻底否定,极有可能导致自身威信"一蹶不振",从此不再被信任。最知名的例子莫过于"杭州飙车案"中的"欺实马""欺世马""七十码",就是因为警方违背事实,草率公布车速为70码,网民马上产生对该结论的猜疑与愤怒情绪。警方的公布不但没有"熄火",相反却"火上浇油"。

5. 主流媒体原则

重点关注影响较大的权威媒体动态,并利用影响较大的媒体做好引导工作。国内各大中文门户站的新闻频道以其雄厚的人力物力、权威而丰富的资源、广泛的影响力而成为不可忽视的舆情信息来源(简称信源)。信源的质量,包含舆情的权威性、及时性、原创性等指标。高质量的信源,对于网络舆情的分析与决策等环节,都具有不可忽视的参考价值。实践研究证明,虽然微博在网络舆情的传播中起着重大的作用,但是一个全国性的舆情热点,往往缺少不了权威媒体(如门户网站等)的"推波助澜"。所以权威网站也应该是网络舆情的重点关注对象。同样,干预与应对措施也应该借助这些权威媒体进行发布和实施。

6. 意见领袖原则

充分发动和利用网络上的意见领袖,利用这类领袖人物的号召力、影响力,来纠正或者干预网络舆情的发展趋势。意见领袖即微博网络中的影响力大的那些博主,之所以经由这些博主所发布或者转发的博文更容易获取信任和被转发评论的机会,是因为在更多的草根博主眼中,这些博主拥有更多的公共资源和私有人脉关系,他们"神通广大",他们认可的事物应该是可信的。引用一句古语:成也意见领袖,败也意见领袖。若没有把握好意见领袖的舆论导向,贻误了最佳应对时机,则可能步入"头疼"的阶段;但若能充分利用意见领袖传播最新最真实的处理进度和处理情况,则会有另外一番收获。

7. 本地化原则

对于很多网络舆情,由于地缘关系,往往本地网络媒体会在舆情的早期起着至关重要的作用,所以在应对网络舆情时,同样需要注意本地网络媒体的引导和管理,并且最新处理进度等也应第一时间在本地媒体公布。

8. 官方(官员)合适用语

与普通民众要求不同,官方(官员)在发布对舆情的观点意见消息时,应该把握用语尺度,应有足够的耐心。

9. 增强媒体应对能力

部分管理机构人员与媒体打交道的能力相对较弱,不愿面对媒体,怕言语有失。对待媒体的态度,就是"防火防盗防记者"。但实际面对媒体时,是一个绝佳的平息舆情的时机,因为这是一个以自己权威身份披露信息的时机。若不及时、不主动、不完整地公布事实真相,则极有可能加重疑问情绪,给误会和谣言留下传播的空间。

10. 健全网络舆情应对应急预案

由于网络舆情传播速度的迅猛性,仅凭临时性的决策往往会"手忙脚乱"。所以在网络舆情应对的过程中,为避免出现网络舆情应对不及时的情况,管理机关应制订健全的舆情应对应急预案,根据应对经验抽象总结,确保管理机构在第一时间掌握舆情事件情况,及时发布权威信息,并对网络上出现的偏激极端情绪加以理性的引导,对恶意攻击的言论加以正面有力的回应,而经不起质疑的回应则不应马虎发布。例如,虽说网络舆情论题较为多样化,但是历来热点的舆情的论题却往往集中在某些固定领域。如据《半月谈》记者观察,在网络热点中,富人、官员或一些权力部门往往成为舆论聚焦的对象。

11. 把握好证实与证伪

"据报道""据说""据传"已成为制作媒体新闻的一种常见引语。在该引语之后,可能续接着一条耸人听闻的爆炸新闻。虽然"据报道""据说""据传"这些字眼很明显表明是无法证实的消息,但是却也不易被一般"草民"所证伪。所以管理方在应对的过程中,若能将其证伪,自然一切明朗起来;但是若也无法证伪,或者证实的力度不够,则应在公开透明的原则指引下,采取实事求是的态度进行应对。因为,虽然原始信源无法被证实,这对更多的其他传播主体而言,是可以接受的,并且更多的传播主体极有可能宁愿信其有,而不愿信其无。但是若作为管理机构所发布的言论,所作的处理动作,不公开透明处理而无法被证实的话,则问题就很严重了。所以管理方在处理时应该站在广大网民的思维角度来看待问题:信源无法证实是可以接受的,管理方的消息无法证实则是无法容忍的。

9.5 总结

在目前这个互联网高速发达,互联网应用种类繁多的社会的转型期,涌现出不少新的矛盾和新问题,如贫富悬殊、官员腐败、分配不公等问题;而互联网的虚拟自由特性又给了那些熟练掌握互联网操作技能的网民以足够的自由和相对能规避法律法规限制、道德约束的环境,并在这个不受地理位置限制的环境中以多元化的方式抒发自己的心底诉求,关心公共政策和信息,利用自身的知情权和监督权,针砭时弊,表达自己最真的感受,并借助高速传播媒体扩展至整个传播网络,打破记者的这个高门槛职业,颠覆传统传播媒体的传播方式,繁荣了整个互联网,促进了社会民主程度。

而作为管理方,政府应尊重事实、尊重民意,而绝不应堵住网络民意的表达,遮遮掩掩,拖延而迟迟不予理睬,而是要在公开透明的原则下,及时调查处理事实真相,并及时通过多种媒体通道,依法依规向民众提供最新最快最全的信息,引导舆论的政策走向,维护社会正常秩序。

致　　谢

　　光阴似箭、时光流逝,转眼之间博士后阶段生活即将结束。回首过去,思绪万千。首先,衷心感谢我的恩师何向东教授对我的谆谆教诲和悉心关怀。他不仅从学术上给予我指导,在研究方向上给予启迪,在工作上也给予我很多帮助,他精湛的逻辑学理论、丰富的高等学校管理经验、豁达的处事态度值得我一辈子学习! 恩师广阔的视野,前沿的学术造诣,严谨勤奋的治学风格,从容、乐观、豁达、以身立行的做人风格不仅使我明白了如何学习,如何研究,也让我明白了如何生活与工作,对我的一生都有着十分重要的影响。借此机会向恩师及师母表示我最诚挚的谢意!

　　感谢西南大学人事处博士后流动站的陈鼹老师,西南大学计算机学院邓辉文教授、政治与公共管理学院的郭美云教授、任丑教授、李章吕老师、樊莉萍老师在科研工作和生活上的关心、指导和帮助。

　　逻辑与智能研究中心的博硕团队是一个优秀的研究生团队,是一个勇于创新、积极进取的集体,这里知识氛围浓厚,学习气氛宽松,在这个集体里,大家给了我极大帮助,与大家和睦、愉快地学习交流,使我渡过了科研及学习上的许多难关,我的科研能力和学习水平有了很大的进步。

　　感谢这些和我在同一个实验室中一起度过博士后阶段学习生活的同学:侯丽平博士、余军成博士、刘明元博士、王善侠博士、董淑亮硕士、党学哲硕士、陈钰硕士,感谢师兄妹的热情帮助,和他们相处在一起,工作学习非常开心,我会永远记住曾经在西南大学逻辑与智能研究中心有这么一群年轻、富有活力、乐观向上、积极进取的小伙伴们。关心和帮助过我的朋友是如此之多,以至于我不能在此一一列举,但我对他们的感谢却是别无二致的。

　　在即将完成博士后研究工作之际,感谢湖北文理学院的领导和我的同事帮助我承担了一部分的工作,让我可以安心在西南大学逻辑与智能研究中心博士后流动站从事研究,在一个新的领域开展工作。

　　感谢我的家人多年来对我的理解和支持。感谢我的丈夫袁红星在我西南大学博士后工作期间一直给我的鼓励和帮助,感谢我的父母一直以来无怨无悔的支持,对我家庭的照顾,感谢我两个姐姐和哥哥们一直以来在生活和精神上给我的帮助,同时也非常感谢我漂亮可爱的女儿袁雪蕙,感谢你给我勇往直前的勇气。如果没有他们,我无法想象自己将如何度过这段极具挑战性的学习和研究工作生涯,衷心祝愿我的亲人们健康幸福!

  我由衷感谢这几年来陪我一路走过来的老师、同学和亲人。这段岁月,是我人生历程中的一段非常宝贵的经历,足以让我一生珍藏。最后,对所有给予我关怀、帮助、支持、鼓励的亲人、师长、学友和朋友们致以崇高的敬意!谢谢你们!

  感谢教育部人文社会科学研究一般项目(15YJAZH015)的经费支持。感谢博士后合作导师何向东教授主持的国家社科基金重大项目(14ZDB016)的经费支持。

参 考 文 献

[1] 谢科范,赵湜,陈刚,等.网络舆情突发事件的生命周期原理及集群决策研究[J].武汉理工大学学报(社会科学版),2010,23(4):482-486.

[2] 王灵芝.高校学生网络舆情分析及引导机制研究[D].长沙:中南大学,2010.

[3] 吴绍忠,李淑华.互联网络舆情预警机制研究[J].中国人民公安大学学报:自然科学版,2008,14(3):38-42.

[4] 清华-优讯舆情实验室.优讯舆情实验室简介[EB/OL].http://www.uuwatch.com/about/.

[5] 山东大学-优讯舆情研究中心.研究中心概况[EB/OL].http://sdu.uuwatch.com/about/index.html.

[6] 新华舆情.新华网网络舆情监测分析中心[EB/OL].http://news.xinhuanet.com/yuqing/2013-03/04/c_124413026.htm.

[7] 舆情频道人民网.人民网舆情监测室[EB/OL].http://yuqing.people.com.cn/.

[8] 暨南-红麦.暨南-红麦舆情研究实验室[EB/OL].http://www.soften.cn/.

[9] 天津社会科学院舆情研究所简介[J].天津社会科学,2015(03):2.

[10] 新传媒网络舆情技术实验室[EB/OL].http://baike.baidu.com/view/4030686.htm.

[11] 复旦大学传媒和舆情调查中心[EB/OL].http://media-society.fudan.edu.cn/past/research/63.html.

[12] 华中科技大学舆情信息研究中心[EB/OL].http://spa.hust.edu.cn/porc/.

[13] 艾利艾智库.中国传媒大学网络舆情(口碑)研究所[EB/OL].http://www.iricn.com/.

[14] 中正舆情.中正舆情研究中心[EB/OL].http://www.zzyuqing.com/.

[15] 互动百科.南京大学谷尼舆情分析研究实验室[EB/OL].http://www.baike.com/wiki/南京大学谷尼舆情分析研究实验室.

[16] 上海交通大学民意与舆情调查研究中心.http://www.cpor.sjtu.edu.cn/zxjj.htm.

[17] 互动百科.北京交通大学网络舆情安全研究中心[EB/OL].http://www.baike.com/wiki/北京交通大学网络舆论安全研究中心.

[18] 郑魁,疏学明,袁宏永.网络舆情热点信息自动发现方法[J].计算机工程,36(3):4-6.

[19] Macqueen J. Some Methods for Classification and Analysis of MultiVariate Observations[C].Berkeley,calif:University of California Press,1967.

[20] Zhang T. BIRCH:an efficient data clustering method for very large databases[J]. Acm Sigmod Record,1996,25(2):103-114.

[21] Ester M,Kriegel H P,Sander J,et al. A Density-Based Algorithm for Discovering Clusters in Large Spatial Databases with Noise[C]. Portland:Oregon,2008.

[22] Ankerst M,Breunig M M,Kriegel H P,et al. OPTICS:ordering points to identify the clustering structure[J]. Acm Sigmod Record,1999,28(2):49-60.

[23] 曾依灵,许洪波,白硕. 改进的OPTICS算法及其在文本聚类中的应用[J]. 中文信息学报,2008,22(1):51-55.

[24] Hyotyniemi H. Text Document Classification with Self-Organizing Maps[Z]. in Vaasa, Finland: the Finnish Artificial Intelligence Society and University of Vaasa,199664-72.

[25] Liu Y C,Wu C,Liu M. Research of fast SOM clustering for text information[J]. Expert Systems with Applications,2011,38(8):9325-9333.

[26] 何婷婷,戴文华,焦翠珍. 基于混合并行遗传算法的文本聚类研究[J]. 中文信息学报,2007,21(4):55-60.

[27] Nasir J A,Varlamis I,Karim A,et al. Semantic smoothing for text clustering[J]. Knowledge-Based Systems,2013,54(C):216-229.

[28] 彭京,杨冬青,唐世渭,等. 一种基于语义内积空间模型的文本聚类算法[J]. 计算机学报,2007,30(8):1354-1363.

[29] Luo N,Zuo W,Yuan F,等. Using ontology semantics to improve text documents clustering[J]. Journal of Southeast University(English Edition),2006,22(3):370-374.

[30] 朱会峰,左万利,赫枫龄,等. 一种基于本体的文本聚类方法[J]. 吉林大学学报:理学版,2010,48(2):277-283.

[31] Yan Y,Chen L,Tjhi W C. Fuzzy semi-supervised co-clustering for text documents [J]. Fuzzy Sets & Systems,2013,215(215):74-89.

[32] Song W,Liang J Z,Park S C. Fuzzy control GA with a novel hybrid semantic similarity strategy for text clustering[J]. Information Sciences,2014,273(3):156-170.

[33] 徐森,卢志茂,顾国昌. 使用谱聚类算法解决文本聚类集成问题[J]. 通信学报,2010,31(6):58-66.

[34] 邹志华,田生伟,禹龙,等. 改进的维吾尔语Web文本后缀树聚类[J]. 中文信息学报,2013,27(2):118-126.

[35] Yao M,Pi D,Cong X. Chinese Text Clustering Algorithm Based k-means[J]. Physics Procedia,2012,33:301-307.

[36] 王明文,付剑波,罗远胜,等. 基于协同聚类的两阶段文本聚类方法[J]. 模式识别与人工智能,2009,22(6):848-853.

[37] Bharti K K,Singh P K. A three-stage unsupervised dimension reduction method

[38] Gong L, Zeng J, Zhang S. Text stream clustering algorithm based on adaptive feature selection[J]. Expert Systems with Applications, 2011, 38(3): 1393-1399.

[39] 王贤明,胡智文,谷琼,等.一种基于随机 n-Grams 的文本相似度计算方法[J].情报学报,2013,32(7):716-723.

[40] Chin B, Ming F, Benjamin N, et al. Hierarchical Document Clustering Using Frequent Itemsets[Z]. San Francisco, CA, USA: 2003.

[41] Zhang W, Yoshida T, Tang X, et al. Text clustering using frequent itemsets[J]. Knowledge-Based Systems, 2010, 23(5): 379-388.

[42] 杨博,陈贺昌,朱冠宇,等.基于超链接多样性分析的新型网页排名算法[J].计算机学报,2014,37(4):833-847.

[43] 闫光辉,舒昕,马志程,等.基于主题和链接分析的微博社区发现算法[J].计算机应用研究,2013,30(7):1953-1957.

[44] 杨格兰,涂立.基于主题相关性和链接权重的 PageRank 算法[J].华中科技大学学报(自然科学版),2012,40(S1):300-303.

[45] 黎建辉,兰金松,沈志宏,等.面向科学数据的 PageRank 排序算法[J].计算机科学与探索,2013,7(6):494-504.

[46] 张宪超,徐雯,高亮,等.一种结合文本和链接分析的局部 Web 社区识别技术[J].计算机研究与发展,2012,49(11):2352-2358.

[47] Spertus E. ParaSite: mining structural information on the Web[J]. Computer Networks & Isdn Systems, 1997, 29(8-13): 1205-1215.

[48] 王洪伟,李渊凯,尹裴.基于链接分析的网络搜索排名的反作弊研究[J].系统管理学报,2013,22(1):107-113.

[49] 余伟,李石君,文利娟,等.基于数据质量的 Deep Web 数据源排序[J].小型微型计算机系统,2010,31(4):641-646.

[50] 郭岩,刘春阳,余智华,等.网络舆情信息源影响力的评估研究[J].中文信息学报,2011,25(3):64-71.

[51] Weiss R, Lez B, Sheldon M A. HyPursuit: a hierarchical network search engine that exploits content-link hypertext clustering[C]. Proceedings of the seventh ACM conference on Hypertext, Bethesda, Maryland, USA: ACM Press, 1996.

[52] 王晓宇,周傲英.万维网的链接结构分析及其应用综述[J].软件学报,2003,14(10):1768-1780.

[53] 邱均平,李江.当前链接分析工具的缺陷及其解决方案[J].情报科学,2007,25(5):641-647.

[54] 张敏,高剑峰,马少平.基于链接描述文本及其上下文的 Web 信息检索[J].计算机研究与发展,2004,41(1):221-226.

[55] 汤天波,高峰.可视化技术在网络链接分析中的应用研究[J].现代图书情报技术,2009,25(2):78-82.

[56] 李江,殷之明. 链接分析研究综述[J]. 大学图书馆学报,2008,26(2):51-58.

[57] 王来华. 舆情研究概论[M]. 天津:天津社会科学院出版社,2003.

[58] Brin B S, Page L. The anatomy of a large scale hypertextual Web search engine [J]. Computer Networks & Isdn Systems,2012,30(1-7):107-117.

[59] Page, L. et al. The PageRank Citation Ranking: Bringing Order to the Web[J]. Stanford InfoLab,1998,9(1):1-14.

[60] Ahmadi-Abkenari F, Selamat A. An architecture for a focused trend parallel Web crawler with the application of clickstream analysis[J]. Information Sciences, 2012,184(1):266-281.

[61] 刘雁书,方平. 利用链接关系评价网络信息的可行性研究[J]. 情报学报,2002,21(4):401-406.

[62] Document Object Model(DOM)[EB/OL]. http://www.w3.org/DOM/.

[63] HTML 4.01 Specification[EB/OL]. https://www.w3.org/TR/REC-html40/.

[64] Alghuribi S M, Alshomrani S. A Comprehensive Survey on Web Content Extraction Algorithms and Techniques[C]. 2013 International Conference on Information Science and Applications, Suwon, Korea (South),2013.

[65] Wang J, Chen C, Wang C, et al. Can we learn a template-independent wrapper for news article extraction from a single training site?[C]. New York, NY, USA: ACM Press,2009.

[66] Wang J, He X, Wang C, et al. News article extraction with template-independent wrapper. [C]. Madrid, Spain: ACM Press,2009.

[67] He J, Gu Y, Liu H, et al. Scalable and noise tolerant web knowledge extraction for search task simplification[J]. Decision Support Systems,2013,56(1):156-167.

[68] Peters M E, Dan L. Content extraction using diverse feature sets[Z]. Rio de Janeiro, Brazil:201389-90.

[69] Cai D, Yu S, Wen J R, et al. VIPS: a Vision-based Page Segmentation Algorithm [J]. Microsoft Research,2003(MSR-TR-2003-79).

[70] Cascading Style Sheets (CSS) Snapshot 2010 [EB/OL]. https://www.w3.org/standards/history/css-2010.

[71] Wang J, Chen Q, Wang X, et al. Basic semantic units based web page content extraction[C]. Singapore: IEEE,2008.

[72] Ji X, Zeng J, Zhang S, et al. Tag tree template for Web information and schema extraction[J]. Expert Systems with Applications,2010,37(12):8492-8498.

[73] Ahmadi H, Kong J. User-centric adaptation of Web information for small screens ☆[J]. Journal of Visual Languages & Computing,2012,23(1):13-28.

[74] Xue Y, Hu Y, Xin G, et al. Web page title extraction and its application[J]. Information Processing & Management An International Journal,2007,43(5):1332-1347.

[75] Caponetti L, Castiello C, Recki P. Document page segmentation using neuro-fuzzy approach[J]. Applied Soft Computing, 2008, 8(1): 118-126.

[76] Pasternack J, Dan R. Extracting article text from the web with maximum subsequence segmentation[C]. Madrid, Spain: 2009.

[77] Uzun E, Agun H V, Yerlikaya T. A hybrid approach for extracting informative content from web pages [J]. Information Processing & Management An International Journal, 2013, 49(4): 928-944.

[78] Wong T L, Lam W. An unsupervised method for joint information extraction and feature mining across different Web sites[J]. Data & Knowledge Engineering, 2009, 68(1): 107-125.

[79] Guo Y, Tang H, Song L, et al. ECON: An Approach to Extract Content from Web News Page[C]. Busan, Korea: IEEE Computer Society, 2010.

[80] Cai R, Yang J M, Lai W, et al. iRobot: an intelligent crawler for web forums[C]. Beijing, China: Association for Computing Machinery, Inc., 2008.

[81] Son J W, Park S B. Web table discrimination with composition of rich structural and content information[J]. Applied Soft Computing, 2013, 13(1): 47-57.

[82] Document Object Model (DOM) [EB/OL]. http://www.w3.org/DOM/.

[83] Lvarez M, Pan A, Raposo J, et al. Extracting lists of data records from semi-structured web pages[J]. Data & Knowledge Engineering, 2008, 64(2): 491-509.

[84] 李志义,沈之锐.基于自然标注的网页信息抽取研究[J].情报学报,2013,32(8): 853-859.

[85] Cafarella M J, Halevy A, Wang D Z, et al. WebTables: exploring the power of tables on the web[J]. Proceedings of the Vldb Endowment, 2008, 1(1): 538-549.

[86] 陈竹敏,马军,韩晓晖,等.面向主题爬取的多粒度URLs优先级计算方法[J].中文信息学报,2009,23(3): 31-38.

[87] 刘文云,翟羽佳,王文颖.基于链接分析法的高校图书馆网站影响力评价研究[J]. 情报科学,2013,31(6): 99-102.

[88] Fan J, Luo P, Lim S H, et al. Article clipper: a system for web article extraction. [C]. San Diego, Ca, USA: ACM Press, 2011.

[89] 熊忠阳,史艳,张玉芳.基于维基百科和网页分块的主题爬行策略[J].计算机应用,2011,31(12): 3264-3267.

[90] 黄仁,王良伟.基于主题相关概念和网页分块的主题爬虫研究[J].计算机应用研究,2013,30(8): 2377-2380.

[91] Cai D, He X, Wen J R, et al. Block-level link analysis. [C]. Sheffield, Uk: ACM Press, 2004.

[92] Lin S H, Chu K P, Chiu C M. Automatic sitemaps generation: Exploring website structures using block extraction and hyperlink analysis[J]. Expert Systems with Applications, 2011, 38(4): 3944-3958.

[93] 陈军,陈竹敏.基于网页分块的Shark-Search算法[J].山东大学学报(理学版),

2007, 42(9): 62-66.

[94] Al- Ghuribi S M, Alshomrani S. A Comprehensive Survey on Web Content Extraction Algorithms and Techniques[Z]. IEEE, 20131-5.

[95] Pasternack J, Dan R. Extracting article text from the web with maximum subsequence segmentation[C]. Madrid, Spain: ACM Press, 2009.

[96] Mehta R R, Mitra P, Karnick H. Extracting semantic structure of web documents using content and visual information[C]. New York, USA: ACM Press, 2005.

[97] Peters M E, Dan L. Content extraction using diverse feature sets[C]. Geneva, Switzerland: 2013.

[98] Song R, Liu H, Wen J R, et al. Learning important models for web page blocks based on layout and content analysis.[J]. Acm Sigkdd Explorations Newsletter, 2004, 6(2): 14-23.

[99] Fersini E, Messina E, Archetti F. Enhancing web page classification through image-block importance analysis[J]. Information Processing & Management, 2008, 44(4): 1431-1447.

[100] Wong T, Lam W. An unsupervised method for joint information extraction and feature mining across different Web sites[J]. Data & Knowledge Engineering, 2009, 68(1): 107-125.

[101] Guo Y, Tang H, Song L, et al. ECON: An Approach to Extract Content from Web News Page[Z]. Busan, Korea: IEEE Press, 2010314-320.

[102] Cai R, Yang J M, Lai W, et al. iRobot: an intelligent crawler for web forums [C]. Beijing, China: 2008.

[103] Vineel G. Web page DOM node characterization and its application to page segmentation[C]. Piscataway, NJ, USA: IEEE Press, 2010.

[104] 王少康,董科军,阎保平. 使用特征文本密度的网页正文提取[J]. 计算机工程与应用, 2010, 46(20): 1-3.

[105] Prasad J, Paepcke A. Coreex: content extraction from online news articles[C]. New York, USA: ACM Press, 2008.

[106] 曹冬林,廖祥文,许洪波,等. 基于网页格式信息量的博客文章和评论抽取模型[J]. 软件学报, 2009, 20(5): 1282-1291.

[107] Zhang Z, Zhang C, Lin Z, et al. Blog extraction with template-independent wrapper[C]. Beijing,China: IEEE Press, 2010.

[108] Inline[EB/OL]. http://www.w3.org/TR/html401/.

[109] 艾伯特-拉斯洛·巴拉巴西. 链接网络新科学[M]. 长沙: 湖南科学技术出版社, 2007.

[110] 项亮. 推荐系统实践[M]. 北京: 人民邮电出版社, 2012.

[111] 约翰·霍兰. 涌现: 从混沌到有序[M]. 上海: 上海科学技术出版社, 2006.